Christa Nehls

Denkpausen

Gedankensplitter,
Philosophisches
und
Handlungsanweisungen

Newsletter Menschin 2007-2011

Band I der Schriftenreihe „Nur das Tun zählt"

2. überarbeitete Auflage

www.menschin.com

ISBN 978-3-944126-00-5

INHALTSVERZEICHNIS

Vorwort zur Buchreihe „Nur das Tun zählt"

Das vorliegende Buch ist der erste Band zur neuen Reihe „Nur das Tun zählt". Es ist die Zusammenstellung meiner bisherigen Texte, die ich als Newsletter veröffentlicht habe. Ihnen bietet das Werk im wahrsten Sinne des Wortes „Denkpausen" gespickt mit Inspiration und Kreativität für eigene Ansätze zur Veränderung in Ihrem Leben.

„Nur das Tun zählt" ist eine Buchreihe, die Sie vom reinen Denken zum Tun führt. Es gibt Handlungsanleitungen ohne Ende, sie lesen und lesen und lesen. Doch der entscheidende Schritt fehlt: das Tun. Jedes Buch eröffnet Ihnen neue Möglichkeiten und neue Horizonte, führt Sie auf neue Wege. Finden Sie den Mut, treffen Sie für sich die Entscheidung, ins Handeln zu kommen. Wenn Sie nicht wollen, haben Sie zumindest eine nette Lektüre genossen und Sie haben die Entscheidung getroffen, keine Entscheidung zu treffen.

Seien Sie herzlich willkommen in meinem Verlags-BLOG und diskutieren Sie mit mir. Lassen Sie mich teilhaben, denn mir ist der Austausch mit Ihnen wichtig.

Viele Themen sind noch in meinem Kopf und werden den Weg auf das Papier, ins E-Book oder Hörbuch finden.

Christa Nehls

November 2011 / Februar 2013

Vorwort zum Buch

Vor vier Jahren kam mir die Idee, kurze Abhandlungen zu Themen aus meiner Beratungstätigkeit zu schreiben. Mir war und ist wichtig, Themen zu besprechen, die im Alltag nützlich sind. Bei manchen Texten schließe ich mich Martin Luther an, der in Worms gesagt haben soll: „Hier stehe ich und kann nicht anders. Gott helfe mir, Amen! (Ja, ich war am Denkmal und dort ist es genau so eingeprägt.) Leider sagt das historische Protokoll etwas anderes: „Daher kann und will ich nichts widerrufen, weil wider das Gewissen etwas zu tun weder sicher noch heilsam ist. Gott helfe mir, Amen!" Sie merken schon, ab und zu hält es mir sehr genau. Dann mag ich nicht unvollkommen sein sondern nur genau auf den Punkt.

Rückmeldungen gab es immer wieder, wie zu meinem Plädoyer über Gesundheit, aber auch zum Thema Abschied. Sicherlich beziehe ich in jedem einzelnen Text Position zu einem Thema, doch in diesem beiden ist meine persönliche Betroffenheit wohl so groß, dass ich die Leser auf eine sehr besondere Art erreicht habe, meine Art.

Schauen wir etwas genauer hin: Abschied ist ein heikles Thema in unserer Gesellschaft, zu dem ganz besonders der Tod gehört. Wir versuchen ihm auszuweichen, ihn auszuklammern aus unserem Leben. Dabei haben wir ihn gleich mitgeliefert bekommen, als wir auf diese Welt kamen. Der Tod, Krankheit und Siechtum, Armut und Arbeitslosigkeit, Entstellung und Hässlichkeit, das alles klammern wir aus, wollen nichts damit zu tun haben, wollen nicht damit konfrontiert sein.

Gerade deshalb reizen mich diese Themen, interessieren mich, spornen mich an, nachzudenken, zu hinterfragen. Und ich will etwas sagen, will etwas ins Licht rücken und Position beziehen, sanft provozieren oder auch nur ermutigen oder ein Plädoyer halten.

Unser Gesundheitssystem krankt am Anspruchsverhalten der Nutzer und ihrem ausgeprägten Wunsch, bedient zu werden ohne Verantwortung für sich zu übernehmen, „Doktor mach‘ mal." Es krankt auch daran, dass die Menschen nicht bereit sind, sich zu informieren und zu lernen. Und, unser Gesundheitssystem unterstützt genau diese Trends, es ist nicht erwünscht, informierte und aufgeklärte Patienten zu haben. Und sei es nur, weil sie vielleicht anstrengend sind. Hier stehen viel mutige Schritte an. Mit dem Plädoyer für eine ganzheitliche Medizin ärgere ich mich über die Polarisierung zwischen klassischer Medizin und alternativer Medizin. Letztere gibt es gar nicht, alle Heilmethoden ergänzen sich gegenseitig, sind also komplementär und nicht alternativ. Und wir müssen verstehen lernen, auf welchem Denken und welchem Kulturkreis eine Heilmethode entstanden ist.

Dazu schrieb mir Sabine Kubitz: „Nur so wird ein Schuh draus. Wie können wir erwarten, dass uns beispielsweise die TCM nachhaltig hilft, wenn wir uns nicht auch mit deren Philosophie beschäftigen? Solange ich als Patient/in darauf warte, dass mich jemand oder etwas gesund macht, wird langfristig gar nichts draus!"

Sabine trifft es genau, wir müssen die Verantwortung für uns und unser Handeln übernehmen und die Konsequenzen tragen. Nur so wird sich etwas ändern, nur so gestalten wir aktiv unsere Zukunft und wir leben, statt gelebt zu werden.

NB: Meine Kooperationspartnerin Ingrid Lardon hat sich dem Thema der Traumatherapie verschrieben. Seit einiger Zeit ist sie Qigong-Trainerin (SKA). Was für mich das spannendste dabei ist, sie verbindet beide Gebiete, um ihren Klienten ein Stück Ganzheitlichkeit u.a. über die körperliche Erfahrung zu bieten. Je mehr ich mich umhöre und umschaue, desto mehr sammle ich an Informationen, wie z.B. über einen Schmerztherapeuten, der vollkommen selbstverständlich die klassische Medizin mit Naturheilkunde, Zuhören, Wickel aus Kräutern und vielem anderen mehr verbindet. Seine Patienten finden schneller zu mehr Lebensqualität.

Was hat mich nun bewogen, meine Newsletter in einem Werk zusammen zu fassen? Einerseits die Idee, meinen Klienten etwas über meine Arbeits- und Denkweise zu vermitteln und mich kennen zu lernen, andererseits, um die Texte in einer handlichen Form anzubieten. Sie kennen das sicher auch, ein kleines Buch bzw. Taschenbuch lässt sich besser halten als einige DIN A4 Blätter, und es kann bequem in der Tasche mitgenommen werden.

Meine Leser haben mich mit ihren Zuschriften ermutigt, immer weiter zu schreiben wie z.B.:

„Schön, heute ist wieder ein Newsletter gekommen. Ich habe ihn schon ausgedruckt und freue mich darauf, ihn heute Abend im Bett zu lesen und dabei gemütlich eine Tasse Tee zu trinken."

Oder fast schon amüsant:

„Ich drucke den Newsletter immer aus und lege ihn auf die Gästetoilette zu dem anderen Lesematerial. Das einzige, was offensichtlich immer wieder gelesen wird, ist der Newsletter. Alle sind immer ganz zerfleddert."

Ich freue mich immer über diese Meldungen, zeigt es mir doch, dass ich am Puls der Zeit bin und die Bedürfnisse meiner Leser treffe.

Christa Nehls

23. September 2011

Veränderung

Menschen verändern sich im Laufe ihres Lebens...

Als die Firma Digital Equipment Corp. (DEC) 1998 von Compaq gekauft wurde, schrieb ein Management-Kollege aus USA folgende Worte:

We never know exactly,
if something will improve,
when we change it.
We sure do know,
that we have to change,
if we want to improve.

Übersetzt lautet es ungefähr: Wir wissen nie genau, ob etwas besser wird, wenn wir es verändern. Wir wissen aber mit Sicherheit, dass wir uns ändern müssen, wenn wir uns verbessern wollen.

In diesen Tagen überstürzen sich die Meldungen auf meinem Schreibtisch. Alles hat mit (Mut zur) Veränderung zu tun:

- Freunde gehen als Entwicklungshelfer nach Afrika
- Das Ur-Meter ist in der Diskussion (s. GEO März 2008) und soll durch moderne Messmethoden abgelöst werden
- ein großes Projekt ist liquidiert
- Hilfe, ich nehme zu! Wie halte ich mein Gewicht?
- Ehrenamtlich Engagierte beklagen die fehlende Bereitschaft, von Teilnehmern, Eigenverantwortung zu übernehmen

Veränderung heißt Los-Lassen. Los-Lassen bedeutet etwas oder jemandem seinen Platz zu geben. Fallen lassen ist etwas anderes, das bedeutet u.a. Verletzung oder Zerstörung. Veränderung im Leben heißt immer, lieb gewonnene, alte Gewohnheiten ablegen und sich dem Neuen mit ganzem Herzen zuwenden. [1]

Was heißt das nun für meine Freunde in Afrika? Sie haben mit viel Mut und Engagement die europäische Kultur verlassen, sie lassen die Kultur los, die geprägt ist von messbarer Leistung und Zeitmessung. Eine neue Kultur hat sie aufgenommen. Diese Kultur hat Zeit, es gibt keinen Termindruck. Ebenso fehlt die Leistungsanforderung, der Leistungsdruck. So ist es erst einmal wichtig, die Menschen, die Kultur, die Gebräuche und das Land kennen zu lernen. Zeit ist ausreichend vorhanden. Es gilt, das neue ungewohnte anzunehmen. Nur mit leeren Händen kann man nach Neuem greifen.

Und das Ur-Meter ... was hat das mit Veränderung zu tun? Bisher gibt es ein Stück Metall in einem mehrfach gesicherten Tresor bei Paris. Dieser wird alle paar Jahre geöffnet, um zu schauen, ob das Ur-Meter noch da ist und ob sein Gewicht noch stimmt. Außer dem Ur-Meter gibt es übrigens noch sechs andere Grund- Maßeinheiten.

---

[1] Alfred Adler, Begründer der Individualpsychologie, sagte schon: Die Vergangenheit ist nur gut, um daraus zu lernen, und dann alles zu vergessen ... und ... würden wir nicht schlafen, so bliebe alles Erlebte, Gesehene, Erlernte, Erfahrene in unserem Gedächtnis. Dieses würde überlastet. Da wir alle schlafen, vergessen wir viel.

Zur Zeit finden Bestrebungen statt, diese Maßeinheiten abzulösen und neu zu definieren – unter heftigsten Diskussionen unter den Wissenschaftlern und mit strengsten Auflagen, bis zu welcher Stelle hinter dem Komma denn nun der Beweis erbracht werden muss, damit die neue Definition genommen werden kann.

Im Detail nachzulesen im GEO 3/2008. Das Ergebnis ist immer noch offen.

Ein großes ehrenamtliches Projekt (Haus der Begegnung) wurde von wenigen Engagierten aus dem Boden gestampft, mit viel Herz-Blut begossen und es scheitert grandios. Es scheitert an fehlendem Geld und fehlendem Engagement. Wie konnte das geschehen? Nun, das Projekt hatte keine Zeit zum Wachsen, so wie jedes Ding in der Natur Zeit braucht, um sich zu entfalten. So kam es, dass die politischen Gremien/Institutionen überrumpelt waren vom Gedanken, die Sponsoren uns ablehnten, weil die Empfehlungen und Erfolge fehlten, der Zulauf zu den Angeboten war gering. Und die Veränderung hier? Nun, die Veränderung liegt im Ende. Das geflossene Herz-Blut sorgte für viel Klebstoff, das Los-Lassen fiel schwer. Erst als die Last größer wurde als die Lust, erst da war Raum für Veränderung und Los-Lassen.

Hilfe, ich nehme zu! Wie halte ich mein Gewicht? Was das mit Veränderung zu tun hat? Gewichtsverlust geht schnell und leicht. Kalorien, Punkte und Sonstiges zählen, ein Kinderspiel. Schwierig wird es, das Gewicht zu halten. Wer hat nicht schon vom Jojo-Effekt gehört. Langzeit-Programme scheinen den Erfolg zu bringen, oder nicht? Ja, genau, wenn ich schon diese rhetorische Frage stelle, sie bringen es auch nicht. Und zwar so lange, wie der Teilnehmer erwartet, dass die Aktivität außerhalb seiner Person geschieht. Kalorien zählen ist nicht das Problem.

Viel wichtiger ist zu erkennen, dass Gewicht halten mit Bewegung, mit Ausdauer, mit dem Willen zur Veränderung alter eingefahrener Gewohnheiten zu tun hat. Und dann die Konsequenzen zu ziehen und durchzuhalten, das ist der Trick. Wenn aber die alten Gewohnheiten stärker sind als der Wille, sein Gewicht auf niedrigerem Niveau zu halten, dann hat der Jojo-Effekt schon begonnen.

Da hilft es nicht, dass im Kleiderschrank neue Klamotten hängen, die doch vor ein paar Wochen noch so gut gepasst haben. Da hilft es nicht zu jammern, zu klagen und sich zu frustrieren, warum kann ich nicht, warum können andere? Warum bin ich dick und esse nur ganz wenig, die essen so viel und bleiben dünn. Da hilft nur eines: Sich selbst ernst zu nehmen, sich selbst in den Mittelpunkt zu stellen, sich selbst wert zu schätzen, auf sich zu achten (und die Gesundheit etc.) und den neuen Weg unbeirrt gehen, sich selbst und seinen eigenen Bedürfnissen treu zu bleiben, Selbstachtsamkeit zu üben.

Nur wer mit den alten Gewohnheiten Schritt für Schritt bricht, der erreicht sein Idealgewicht. Was sind die alten Gewohnheiten: der Job ist wichtiger, die Familie ist wichtiger, die Sorgen der Freunde, der Kinder sind wichtiger etc. Die neuen Essgewohnheiten, die Planung der Vorbereitung, der Regelmäßigkeit bleiben auf der Strecke. Wo bleibt der Mensch, der zuviel Gewicht hat? Nun, er holt sich seinen Jojo zurück und damit auch seine schützende Hülle. Also, erst die Bereitschaft zur Veränderung, zur echten Veränderung, gibt die Lösung.

Ähnliches gilt für Schmerzpatienten. Ich habe viele Schmerzpatienten in meinem Leben kennen gelernt, besonders seit 1997. Seitdem zähle ich übrigens selbst zu den Betroffenen. Mit vielen habe ich gesprochen, besonders mit denen, die einen Weg gefunden haben, mit den Schmerzen zu leben oder die Schmerzen aus ihrem Leben zu verbannen. Sie unterscheiden sich von denen, die ihre Schmerzen "lieben". Sie haben sich entschieden, ihr Leben selbst in die Hand zu nehmen, sich um sich selbst zu kümmern. Sie haben für sich selbst entschieden, die Krankheit nicht mehr zu lieben. Sie üben Selbstachtsamkeit, schauen, was ihnen gut tut, setzen ihren Mitmenschen klare Grenzen, lassen sich nicht mehr aussaugen von Energie-Vampiren.

Sicher gibt es Schmerzpatienten, die durch einen schweren Unfall oder körperliche Erkrankungen an chronischen Schmerzen leiden. Interessanterweise erfahren auch diese Menschen mehr Erfüllung im Leben, sobald sie sich für sich selbst entschieden haben. Dieser neue Umgang mit sich selbst verhilft ihnen, anders mit ihrer Krankheit umzugehen, der Krankheit einen anderen Stellenwert im Leben zu geben. Die Schmerzen sind immer noch vorhanden, sie stehen nur nicht ständig im Vordergrund.

In den letzten Tagen hörte ich viele ehrenamtlich Tätige (vor allem Gruppensprecher von Selbsthilfegruppen) klagen, dass die Teilnehmer in ständiger Erwartungshaltung seien und Forderungen stellten an die Sprecher. Der Beitrag der Teilnehmer sei gering bis gar nicht vorhanden. Als Sprecherin einer Gruppe verstehe ich das, geht es mir doch genauso. Sicher könnten wir uns jetzt in Jammern und Klagen ergehen oder alles hinwerfen. Das macht aber keiner dieser Aktiven. Stattdessen lassen wir die Vergangenheit Vergangenheit sein und wenden uns der Zukunft zu. Diese könnte so aussehen, dass die Aktiven sich treffen und engagiert weiter arbeiten über die Grenzen einer speziell orientierten Gruppe hinaus, gemeinsam Referenten und Veranstaltungen organisieren und vieles mehr. Es sind schon acht Leute! Das ist Veränderung, der Mut nach vorne zu schauen und zu handeln.

Fazit: Allen gemeinsam ist die Erkenntnis, dass der neue Weg die Umgebung verwirrt und irritiert. Wenn Sie einen neuen Weg gehen – mit welchem Ziel auch immer – denken Sie daran, Ihre Mitmenschen mit zu nehmen, sie zu informieren, was geschieht.

„Ich kann andere nicht verändern, nur mich selbst.
Doch wenn ich mich verändere, verändert sich fast alles um mich herum." (aus der Individualpsychologie)

Haben wir also den Entschluss zur Veränderung gefasst, dann kommt der nächste Schritt: Das Tun. Und jetzt wird es spannend. Wie oben schon mehrfach ausgeführt, wird es genau dann schwer, wenn man sich selbst überlassen ist. Die alten Gewohnheiten kommen mit aller Macht zurück. Daher ist es so wichtig, schon sehr früh Strategien für die Eigenmotivation und das Durchhalten zu entwickeln, und zwar für jeden Einzelnen.

Die alten Gewohnheiten waren bequem, weil vertraut. Ganz gleich wie schlecht sie waren, wie viel Leidensdruck sie hervorgerufen haben, sie sind vertraut. Sie locken, sie rufen, sie ziehen und verführen. Sie wissen genau, wie schwer der neue Weg ist, denn er ist ungewohnt. Und so sind die alten Gewohnheiten wie Sirenen mit ihrem betörenden Gesang. Durchbrechen Sie den Kreislauf aus alten Gewohnheiten. Nutzen Sie den Frühling für neue Erfahrungen. Glauben Sie an Ihre eigenen Kräfte. Sie sind stärker, als Sie ahnen.

Soyal Rinpoche, ein buddhistischer Gelehrter, sagte einmal: “So wie die Felsen nicht zerbrechen, wenn die Wellen an die Küste schlagen, sondern zu schönen Formen geschliffen werden, so kann Veränderung auch unseren Charakter formen und unsere harten Kanten rund polieren.

Veränderung und Loslassen

Stufen

von Hermann Hesse

Wie jede Blüte welkt und jede Jugend dem Alter weicht,
blüht jede Lebensstufe,
Blüht jede Weisheit auch und jede Tugend
Zu ihrer Zeit und darf nicht ewig dauern.
Es muss das Herz bei jedem Lebensrufe
Bereit zum Abschied sein und Neubeginne,
Um sich in Tapferkeit und ohne Trauern in andre,
neue Bindungen zu geben.
Und jedem Anfang wohnt ein Zauber inne,
Der uns beschützt und der uns hilft zu leben.
Wir sollen heiter Raum um Raum durchschreiten,
An keinem wie an einer Heimat hängen,
Der Weltgeist will nicht fesseln uns und engen,
Er will uns Stuf' um Stufe heben, weiten.
Kaum sind wir heimisch einem Lebenskreise
Und traulich eingewohnt, so droht Erschlaffen,
Nur wer bereit zu Aufbruch ist und Reise,
Mag lähmender Gewöhnung sich entraffen.
Es wird vielleicht auch noch die Todesstunde
Uns neuen Räumen jung entgegen senden,
Des Lebens Ruf an uns wird niemals enden...
Wohlan denn, Herz, nimm Abschied und gesunde!

Als die Firma Digital Equipment Corp. (DEC) 1998 von Compaq gekauft wurde, schrieb ein Management-Kollege aus USA folgende Worte:

We never know exactly,
if something will improve,
when we change it.
We sure do know,
that we have to change,
if we want to improve.

Übersetzt lautet es ungefähr so:
Wir wissen nie genau,
ob etwas besser wird,
wenn wir es verändern.
Wir wissen aber mit Sicherheit,
dass wir uns ändern müssen,
wenn wir uns verbessern wollen.

Nein, nein, nicht was Sie denken. Das hier hat nichts mit Schusseligkeit oder nachlassender Denkfähigkeit zu tun. Dieser Newsletter ist eine neue Ausgabe. Ich nehme mir die Freiheit, das Thema vom letzten Mal aufzugreifen und weiter zu bearbeiten, so wie in der Musik. (NB: An diesem Beispiel sehen Sie, dass auch ich noch an manchen Dingen hänge, wohl nicht los lasse.) Veränderungen haben sehr viel mit Loslassen zu tun.Noch ein Rückgriff: „Nur mit leeren Händen kann man nach Neuem greifen." Klingt doch logisch, oder? Ein Beispiel aus der Praxis: Sie räumen Ihre Wohnung auf. Beide Hände voll mit irgendwelchen Dingen, die sie an einen anderen Platz räumen wollen (oder entsorgen), dann kommt noch ein Stück in Ihr Blickfeld, und sie greifen und haben leere Hände. Alles ist auf den Boden gefallen mit mehr oder weniger großen Folgeschäden. Zugegeben, ungewollt. Sie sind verärgert. Dabei haben Sie nur vor lauter (fest)halten vergessen, dass die Hände schon komplett belegt sind. Genauso geht es uns mit allem Anderen, das wir unbedingt festhalten wollen, wie die folgende unvollständige Liste zeigt:

- Besitztümer
- Menschen, z.B. Kinder, Eltern
- Gedanken
- Situationen
- Beruf
- Partner(schaft)
- Opferrolle
- Ereignisse
- Zeitabläufe
- Verhaltensmuster
- und vieles andere mehr...

Sie dürfen selbst weiter kreativ sein.

Was heißt loslassen?

Es besteht linguistisch gesehen aus zwei Worten: „los” und „lassen”. Ich habe viele Menschen in den letzten Jahren befragt, was dieses Wort für sie bedeutet, vor allem im Zusammenhang mit Menschen. Die meisten sagten, „es habe mit fallen lassen zu tun”, „etwas wegwerfen”, „etwas nicht mehr haben wollen”, „ablehnen”. Die wenigstens sagten, „etwas so sein lassen, wie es ist” oder „es fehlt die Veranlassung, etwas zu ändern”. Interessant, denn schon sind wir wieder bei dem Beispiel

„Aufräumen” von oben. Uns fallen die Sachen aus der Hand, weil wir schon anderes fest halten. Wie viel einfacher wäre es, wenn wir gar nichts fest halten würden, dann bestünde die Chance, nach allem zu greifen, ohne etwas fallen zu lassen. Also: Nur mit leeren Händen kann man nach Neuem greifen.

Was heißt das, wenn wir fest halten statt los lassen?

Tief unten ist die Angst verwurzelt, allein zu sein, etwas allein zu machen, allein verantwortlich zu sein. Da erscheint es besser und einfacher, an dem Alten und Gewohnten festzuhalten. Lieber eine gewohnte Hölle als einen unbekannten Himmel. Sie erinnern sich „wir wissen nie genau, ob es besser wird, wenn wir es ändern.” Da liegt für mich die wichtige Erkenntnis, wir suchen Sicherheit im Vertrauten. Das hindert uns am Loslassen, hindert uns, die neuen Himmel zu erkunden. Wir haben Angst vor dem Neuen. Es bedeutet Unsicherheit.

Ein Beispiel: Mutter und Kind sind auf dem Spielplatz. Das Kind will unbedingt allein auf die Rutsche. Die Mutter hat Angst, geht mit, hält die Hand des Kindes während es rutscht. Das Kind quengelt die ganze Zeit, es will allein. Beide haben keinen Spaß an der Sache. Es wäre schön gewesen, wenn die Mutter den Mut gehabt hätte, ihr Kind los zu lassen, es allein seine Erfahrungen machen zu lassen. So hat sie es behütet und beschützt. Das nutzt dem Kind wenig für sein weiteres Leben. Es lernt hier eher Ängstlichkeit als Mut.

Väter sind da etwas lockerer: Sie lassen ihren Kindern den Raum zum Erkunden der Welt. Zwar haben sie ein wachsames Auge aus der „Ferne", falls doch ein irgendwie gearteter Notfall eintreten sollte. Hauptsächlich vermitteln sie dem Kind jedoch, ich vertraue Dir, und ich traue Dir die Fähigkeit zu.

Wie schreibt Erik Blumenthal in „Neue Wege zur inneren Freiheit"[1]: „Das Neue bedeutet oft Wandlung, und das heißt ein Sterben und ein Neu-Entstehen. Das Alte muss sterben, um dem Neuen Platz zu machen. [...] Meist weist das Neue auf einen Fehler im Alten hin. Keiner aber gibt gern einen Fehler zu oder ist bereit, seine bisherige Lebenseinstellung zu ändern oder gar die Richtung völlig zu wechseln. Man betrachtet das Alte als Halt, als Seil, an dem man sich festhalten kann, als Sicherheit. Das Neue macht demgegenüber oft unsicher. Man hat sich seine Welt aufgebaut, findet sich darin zurecht, und neigt deshalb zum Verharren aus Bequemlichkeit und aus der Trägheit des Herzens und Geistes heraus. [...] Das geistig Neue erfordert ferner ein neues Denken."

---

[1] Blumenthal, Erik; Neue Wege Zur inneren Freiheit, Horizonte Verlag

Veränderung als Lösung und Der Glaube an sich selbst

Daraus folgt, dass wir Gewohnheiten verändern müssen. Die Freiheit dazu haben wir. Es liegt also bei jedem selbst. Noch einmal Blumenthal: „Der Begriff der Freiheit. [...] Auf der menschlichen Stufe wird die äußere Freiheit wichtig, die aber beim Zusammenleben der Menschen eingeschränkt werden muss, weil der Mensch nur soweit äußerlich frei sein kann, als er damit nicht gegen die Freiheit eines Mitmenschen verstößt. Auf der geistigen Stufe [...] ist die innere Freiheit das Wesentliche, und diese innere Freiheit ist unbegrenzt."

Allerdings gelten im äußerlichen z.B. Verkehrsregeln. Wir können nicht plötzlich gegen eine Einbahnstraße fahren. Und weiter schreibt Blumenthal: „Von seiner inneren Freiheit macht der Mensch Gebrauch, wenn er die Verkehrsregelung nicht mehr als „Muss" empfindet, sondern wenn er sich in innerer Freiheit dazu entscheidet, das zu wollen, was er soll, nämlich die Verkehrsregeln, die allen dienen, zu beachten."

So, jetzt sind wir am entscheidenden Punkt angekommen: Es ist unendlich wichtig, dass wir an uns selbst und unsere Urteilsfähigkeit glauben, uns frei machen von den Meinungen und Informationen, die wir durch andere – Familie, Freunde, Lehrer, Erzieher, Presse, Funk und Fernsehen etc. – erhalten (haben). Wenn wir uns erlauben, selbst zu denken, wenn wir uns erlauben, selbst zu handeln nach unserem Gutdünken, dann haben wir die Chance, unser Leben neu zu gestalten, das Alte los zu lassen und das Neue zu bekommen. Dazu gehört auch, den anderen Menschen in unserem Leben ihren Raum zu geben, ihnen die Chance auf eine eigenverantwortliche Entwicklung und auf ein eigenes Leben zu geben statt durch Festhalten wie (Über)Vorsicht, Behütung und Fürsorge einzusperren.

Zur Verstärkung unseres Tuns benötigen wir noch etwas Optimismus, Akzeptanz und Lösungsorientierung. Dann sind wir bald in der Lage die Opferrolle zu verlassen, Verantwortung für uns selbst und unsere Handlungen zu übernehmen, Beziehungen zu knüpfen (Netzwerke bilden) und die Zukunft selbst zu gestalten[1].

Wenn wir aufhören,

- unseren Selbstwert aus den Bestätigungen und Worten anderer zu beziehen,
- uns über andere zu definieren,

dann finden wir den Mut, eigene neue Wege zu gehen.

Wenn wir die Verantwortung für uns selbst und unsere Handlungen übernehmen, dann haben wir den Mut, neue Wege zu gehen.

Diese Wege sind neu, wir sind vorsichtig, unsicher zuerst. Aber mit der Zeit werden wir mutiger, erkunden den Weg immer forscher, und so üben wir immer weiter, Neues zu entdecken und zu leben. Gleichzeitig lassen wir das Alte immer mehr los, können das, was war, so sein lassen, wie es war, weil wir wissen, es ist nicht zu ändern. Die Zukunft liegt vor uns, darauf haben wir Einfluss, diese können wir gestalten. Die einzige Voraussetzung ist zu sagen: „Ja, ich will. Ja, ich nehme mein Leben in meine Hände. Ja, ich gestalte mein Leben. Ja, ich verlasse die Opferrolle. Ja, ich übernehme Verantwortung für mich."

Oh, das kennen Sie alles schon, das wissen Sie? Ich habe Ihnen nichts Neues erzählt? Wissen ist gut, das Handeln ist entscheidend. Na, um so besser. Dann auf ans Gestalten. TUN Sie etwas!

G.B. Shaw sagt dazu: „Ich glaube nicht an die Verhältnisse. Diejenigen, die in der Welt vorankommen, gehen und suchen die Verhältnisse, die sie wollen, und wenn sie sie nicht finden, schaffen sie sie selbst." Und Luise Rinser sagt: „Man braucht noch gar nicht zu wissen, was neu werden soll, man muss nur bereit und zuversichtlich sein."

Loslassen und Verzeihen

Es ist schon eine Zeit her, da schenkte mir jemand einen Stein mit der Bemerkung: „Für's Loslassen.” Er wirkte matt und war/ist dunkelblau, mittelblau und schwarz. So ein unscheinbarer Stein fürs Loslassen. Nun denn.

Da ich Mineralien sehr gerne mag, schaute ich unter seinem schwierigen Namen Durmortierit nach und erfuhr, dass er im 19. Jahrhundert erstmals gefunden wurde (Hildegard von Bingen kannte ihn also noch nicht!) Benannt wurde er dann nach dem französischen Paläontologen Eugène Durmortier. Der Stein entsteht aus Kieselsäure-reichem Magma und findet sich zwischen Madagaskar und Südafrika. Sein Einsatz in der Industrie als keramischer Rohstoff für Isolatoren und Laborgeräte. Er lässt sich nur schwer bearbeiten und es gibt keine Fälschungen. So weit, so gut. Die Naturwissenschaftlerin in mir war zufrieden.

Letztlich ist jeder Stein ein Wunderwerk der Natur. Inwieweit die Zuordnungen zu bestimmten Heilwirkungen stimmen oder nicht, entzieht sich meiner Kenntnis. Von psychologischer Seite betrachtet, finde ich es in Ordnung, sich „etwas” zu nehmen, um sich an bestimmte Vorhaben oder Handlungen zu erinnern. So wie man einen Knoten ins Taschentuch macht zur Erinnerung.

Wozu erzähle ich Ihnen das? Nun, dieser Stein wird auch „Take it easy”-Stein (deutsch: Nimm´s leicht!) genannt und soll in schwierigen Situationen Mut und Zuversicht geben. Immerhin, mich erinnert der Stein jetzt daran, „es leicht zu nehmen” und „los zu lassen”, nicht „nach-tragend” zu sein. Und auch „Mach's nicht so wichtig!”

Dieses „Nimm´s leicht" fehlt uns anscheinend heute, woher käme sonst dieser enorme Drang zur Spaßgesellschaft?

Vor ein paar Tagen las ich den Satz: „Verzeihen schenkt mir inneren Frieden."

Was bedeutet „verzeihen"?

Woher kommt dieses Wort? Es besteht aus zwei Teilen „zeihen", was soviel bedeutet wie „anklagen" oder „beschuldigen". Das „ver" als Vorsilbe hat die Bedeutung „weg damit". Also heißt „verzeihen": weg mit der Anklage. Wer wird denn angeklagt? Jemand, der schuldig ist, eine Schuld auf sich geladen hat, zumindest vor Gericht. Wenn ich jemandem nicht verzeihe, dann merke ich mir die Schuld und trage diese als Anklage (Zeihen) immer mit mir herum. Ich trage jemandem etwas nach.

Schauen wir noch zum Wort „nachtragen".

Wenn ich jemandem nicht verzeihen will, dann erhalte ich meine Anklage aufrecht. Diese ist immer in meinem Kopf, in meinen Gedanken. Ich trage diese nach. Wer trägt hier die Last? Doch wohl der Ankläger, derjenige, der nicht verzeihen kann, der immer noch zeihen / anklagen will.

Also, ICH. Ich trage das Päckchen oder Paket, nicht derjenige, dem ich nicht verzeihen will. Wenn es ganz schräg läuft, dann erinnert sich die andere Person noch nicht einmal mehr an das Ereignis oder den Grund, weswegen ich etwas nach-trage. Und doch, ich trage die Last. Ich habe die Hände voll und bin nicht in der Lage, damit nach Neuem zu greifen oder überhaupt etwas Neues anzufassen.

Nach-tragen

In welchen Situationen sind wir denn z.B. nachtragend und verzeihen nicht:

- der Partner hat mich verlassen / sich getrennt / war untreu; ist vielleicht sogar ohne Erklärung gegangen
- das Kind hat etwas (Wertvolles) zerbrochen
- meine Mutter hat mir nicht vertraut, als ich klein war
- meine Eltern haben mich nicht geliebt
- jemand ist gegangen / gestorben ohne sich von mir zu verabschieden
- mein Vorgesetzter hat mir die Gehaltserhöhung verweigert
- der hat mir den letzten Parkplatz weggeschnappt
- und vieles andere mehr

Tja, was wir nicht so alles den anderen nach-tragen. Schauen wir genauer hin. Alles hat mit Verletzung, Kränkung oder Respektlosigkeit mir/uns gegenüber zu tun, richtig? Das sorgt für inneren Un-Frieden. Immer noch steht die Aussage im Raum: „Verzeihen schenkt mir inneren Frieden." Denken wir noch einmal ein Stück weiter. Vielleicht helfen die folgenden Fragen auf dem Weg zum Verzeihen:

- Weiß derjenige denn, dass ich mich von ihm verletzt fühle?
- Vielleicht hat er das selbst ganz anders wahr genommen, was für mich so verletzend war?
- Was nützt es mir in diesem Moment, dass ich demjenigen etwas nach-trage?
- Habe ich etwa selbst einen Nutzen oder auch Gewinn davon, dass ich nicht vergessen will?
- Was habe ich davon, dass ich nicht los-lasse?
- Welchen Gewinn habe ich?
- Und welchen Preis zahle ich dafür ... außer dem, dass ich die Last mit mir herumschleppe und ein Teil meines Denkvermögens damit ausgelastet ist, weiterhin nach-zu-tragen.

Wäre es nicht einfacher, und eventuell auch schöner, von dieser Last befreit zu sein und die Kräfte und Energien in Neues und Schönes für mich zu stecken? Erinnern Sie sich noch, einige Briefe vorher schrieb ich: „Nur mit leeren Händen kann man nach Neuem greifen." Solange ich jemandem eine Last nach-trage, solange sind meine Hände belegt.

Das ist etwas Neues, das kennen Sie noch nicht? André Gide sagte dazu einmal: „Man entdeckt keine neuen Erdteile, ohne den Mut zu haben, alte Küsten aus den Augen zu verlieren". Für ihn ist das Loslassen die Voraussetzung für alles andere. So ist es mit dem Nach-tragen. Wenn ich meine Hände voll beladen habe, dann bin ich nicht frei in meinen Handlungen. Volle Hände verhindern Handlungen, z.B. eine Handlung wie Verzeihen und dadurch einen Menschen zum Freund gewinnen. Etwas Neues zu erreichen.

Und jetzt ist der Zeitpunkt erreicht, an dem ich entscheide, was ich will: Nach-tragen oder los-lassen, Hände voll oder Hände leer. Welchen Preis bin ich bereit zu zahlen, um welchen Gewinn für mich zu haben? Erscheint mir der Preis zu hoch, den ich durch das Nach-tragen bezahle, gegenüber dem für mich erzielten Gewinn, dann wird es allerhöchste Zeit durch zu starten!

Verzeihen Sie: anderen und sich selbst. Vor allem verzeihen Sie sich selbst, immer und immer wieder. Viele Menschen sagen mir, dass sie schon anderen verziehen haben. Frage ich sie, ob sie sich selbst auch schon das eine oder andere verziehen haben, ernte ich in der Mehrheit der Fälle Tränen, heiße traurige Tränen.

NB: Sie wundern sich gerade, dass ich schreibe: "... nicht vergessen will". Ihr gutes Recht. In der Individualpsychologie sagen wir: „Oh, Du sagst, Du kannst das nicht. Bitte sei ehrlich, Du willst das nicht." Wir trauen den Menschen zu, dass sie die Fähigkeiten besitzen.

Kindersicht

Lassen wir uns inspirieren. Im Unterricht hatten Kinder die Aufgabe, gemeinsam zu überlegen, was verzeihen ist.
(Aus: Texte lesen und verstehen, Szpadzik und Barcz, Polen)

Sie sammelten folgende Antworten:

- einen Konflikt/Streit beenden
- keinen Streit mehr
- sich entschuldigen
- Recht geben
- vergeben
- um Verständnis bitten
- einen Freund gewinnen

... und daraus wurde weiterhin ...

- Leute sind oftmals so tief verletzt, dass sie das nicht vergessen können.
- Manche Leute wollen nicht verzeihen, obwohl sie sich durch Vergeben besser fühlen würden.
- Verzeihen bedeutet nicht, dass man schwach ist; es bedeutet, dass man sich selbst freimacht.
- Verzeihen kann man üben – zuerst bei leichteren Kränkungen.

- Es hilft, seine Gefühle an den Menschen zu schreiben, der uns verletzt hat. Dabei ist es nicht wichtig, den Brief abzusenden. Häufig ist Verbrennen, Vergraben, Zerreißen oder Weglegen der bessere Weg. Es könnte sonst Rache daraus werden, und das ist nicht das Ziel.:
- Man sollte auf keinen Fall an seiner Wut festhalten. Vergeben braucht keine Konfrontation.
- Es ist wichtig, das Geschehene aus einem anderen Blickwinkel zu betrachten – das lehrt tolerant zu sein.
- Meditation und Beten hilft uns verzeihen zu können.
- Verzeihen ist nicht gleichbedeutend mit Vergessen.

In der Betrachtung dieser Aussagen stellen wir fest: Wenn wir die Verantwortung für uns selbst und unsere Handlungen übernehmen, dann haben wir den Mut, neue Wege zu gehen. Dann sind wir frei in unseren Entscheidungen und Handlungen. Neue Wege heißt auch, sich selbst neue Perspektiven erschließen, bei sich zu bleiben. Sie erinnern sich an frühere Texte von mir, da zitierte ich Dreikurs: „Wir können andere nicht ändern, nur uns selbst. Doch wenn wir uns selbst ändern, ändert sich fast alles um uns herum." In letzter Zeit gibt es Hinweise, dass dieser Spruch schon älter und von jemand anderem ist.

Etwas haben die Kinder erkannt: es ist nicht leicht zu verzeihen. Es dauert seine Zeit, es braucht ein Stück Arbeit und noch mehr Eigenverantwortung. Und die wichtigste Erkenntnis lautet: Verzeihen heißt, dass man stark ist und sich selbst befreit. Und doch haben die Kinder das Wesentliche erkannt: Ver-zeihen ist möglich, wenn wir es wollen.

Was ist Verzeihen nicht

Noch etwas ganz Wichtiges: Ein lieber Mensch sagte mir zum Verzeihen schon fast beleidigt: „Dann bin ich doch der Dumme, ich gebe nach, dann stecke ich doch zurück und meine Gefühle, wo bleiben die dann?" Nein, das ist nicht Verzeihen. Das ist Machtkampf, das Beibehalten einer Machtposition, das Beibehalten von moralischer Überlegenheit, wenn ich mich sonst schon unterlegen fühle.

Ein Beispiel zur Denkhilfe

Ich gebe Ihnen ein Beispiel, das Ihnen sicher sehr bekannt und vertraut erscheint: Ein Kind, es geht zur Schule, es strengt sich an. Die Noten sind eher durchschnittlich. Doch es lernt weiter und lernt und versteht das meiste von dem, was es so in der Schule erfährt. Es kommt mit seinen Noten nach Hause. Dort kommen Fragen wie: „Was haben denn die anderen für Noten? Wie, die haben bessere Noten als Du? Wieso kannst Du das nicht? Bist Du zu dumm dazu?" Das Kind ist traurig, enttäuscht, niedergeschlagen im wahrsten Sinne des Wortes. Es hat doch alles versucht und gegeben. Das Kind wächst heran, wird erwachsen. Und so ganz im Stillen wirft es den Eltern vor (es zeiht sie), es entmutigt zu haben, ihm nichts zugetraut zu haben und leidet so vor sich hin. Es trägt ihnen dieses Verhalten nach. Und damit hat es sein Herz erfüllt und seine Hände voll mit der Last. So bewahrt es sich eine Position der moralischen Überlegenheit und eine Sichtweise mit „hätte, wäre, wenn ..."

Was könnte der Erwachsene mit diesem kleinen enttäuschten, nachtragenden und gekränkten Kind in sich anderes tun? z.B. die

Perspektive wechseln. Wie? Verstehen, dass die Eltern auch nur Menschen sind. Und dass sie zu jedem Zeitpunkt ihres Lebens immer das Beste getan haben, wozu sie gerade in der Lage waren. Wenn Sie selbst Eltern sind, ist das die schönste Entlastung, die sie in ihrem Leben erfahren von ihren Kindern. Wir alle sind Kinder, Kinder in einer alternden Haut. Und als Erwachsene erklären wir dem Kind in uns, wie es verzeihen und loslassen kann. Übrigens, das Kind in uns lernt gerne, es ist wissbegierig.

Verantwortung für sein Leben übernehmen

Betrachten wir noch einmal die Erkenntnisse der Kinder weiter oben aus dem Unterricht. Im Laufe unseres Lebens verlernen wir anscheinend das Verzeihen. Wozu halten wir sonst so vieles für un-ver-zeih-lich? Wie viele Verletzungen und Kränkungen erfahren wir Menschen, dass wir so viel nach-tragen? Vielleicht hat Nietzsche da recht, wenn er sagt: „Welches Kind hätte nicht Grund, über seine Eltern zu weinen." Anselm Grün gibt eine Antwort: „ Ob wir unsere eigene Lebensspur finden oder ob wir uns von unserer Lebensgeschichte bestimmen lassen, hängt davon ab, wie unsere Elternwunden heilen.[2]

[2]Anselm Grün, Das kleine Buch vom wahren Glück © September 2008

Darin scheint mir der Schlüssel zu liegen.

Übernehmen wir die Verantwortung für unser eigenes Leben, dann brauchen wir keine Autoritätspersonen mehr wie z.B. die Eltern. Und dazu benötigen wir die Fähigkeit, unsere Gedanken und Gefühle zu erkennen und zu verstehen. Erst wenn wir verstehen, dass Verzeihen das eigene Leben erleichtert und entlastet, und damit neue Energien für die Gestaltung des eigenen Lebens frei werden, dann übernehmen wir endlich die Verantwortung für unser Leben, unser Denken, unser Fühlen und unser Handeln.

Während ich schreibe, liegt der Stein – der Durmortierit – immer noch vor mir. Er hat mich durch diese Zeilen getragen, die mir dieses Mal – ganz ehrlich - nicht leicht gefallen sind. Er hat mich also immer daran erinnert, es leicht zu nehmen. Behalten Sie sich das Zwinkern in den Augen und machen Sie nicht alles so wichtig, dann fällt Ihnen auch das Verzeihen leicht(er).

Gesammelte Splitter aus dem Internet (wikiquote) zu „Ver-zeihen"

„Alle Fehler, die man macht, sind eher zu verzeihen als die Mittel, die man anwendet, um sie zu verbergen."

François de La Rochefoucauld, Unterdrückte Maximen

„Anderen magst du viel verzeihen, dir nichts!"

Kleobulos von Lindos gemäß Ausonius, Merksprüche der Sieben Weisen

„Die beiden höchsten Gebirge, die wir in unserem Leben des Öfteren mühsam zu überwinden haben, sind die Schuld bekennen und das Verzeihen."

Ernst Ferstl, Lebensspuren

„Eltern verzeihen ihren Kindern die Fehler am schwersten, die sie ihnen selbst anerzogen haben."

Marie von Ebner-Eschenbach, Aphorismen, Reclam Verlag, Stuttgart, 2002, Seite 11

„Gott verzeiht nicht, was die Menschen verzeihen. Die Menschen verzeihen nicht, was Gott verzeiht."

Franz Werfel, Zwischen Oben und Unten

„Ich bitte um Verzeihung. Das ist doch nur eine natürliche menschliche Sache. – Das ist doch eine formale Frage – Ich liebe – Ich liebe doch alle – alle Menschen! Na ich liebe doch, ich setze mich doch dafür ein!"

Erich Melke

„Man irrt immer, wenn man nicht die Augen schließt, um zu verzeihen oder um sich selbst zu erkennen."

Maurice Maeterlinck, Pelléas et Mélisande

„Mein bester Freund verzeiht mir sogar die Wahrheit."

Billy, Wir Kleindenker, S. 195

„Verzeihe dem Geständigen!"

Tibull, Elegien I, VI, 29

„Verzeihen ist die beste Rache."

Sprichwort

Ziele erreichen

Zu jedem Jahreswechsel sprießen sie wie Pilze aus dem Boden, die guten Vorsätze. In diesem Jahr habe ich schon einige Vorträge zu diesem Thema gehalten und mit den Besuchern darüber diskutiert: „Wie erreiche ich meine guten Vorsätze?"

Drei Wochen nach Jahresbeginn waren 90 % der Vorsätze vergessen bzw. gescheitert. Woran liegt das? Das war die wesentliche Frage.

Gut, woran eigentlich? Schauen wir mal gemeinsam nach: Wie sehen die meisten Vorsätze aus? Sie sind nach dem Muster:

- „Ab sofort mache ich dies oder das nicht mehr"
- „Ich ändere meine Verhaltens-/Lebensweise"
- „Ich mache nie mehr …"

Kennen Sie? Endlich, der Vorsatz. Und Sie sind stolz darauf, genau das endlich einmal anzugehen. Unser Denken findet unsere Vorsätze super und cool. Nutzen wir die o. g. Formulierungen, dann klingt manches sehr entschieden und konkret. Gelingt bestimmt. Dieses Mal ist alles anders. Wir wissen, was zu tun ist, im Kopf …

Und da gibt es noch unser Unterbewusstsein. Das steht nun da und weiß nicht, um was es geht. Damit wir uns klar verstehen, mehr als 90 % unseres Gehirnkastens weiß nicht, was passiert. Was da so scheinbar deutlich formuliert und postuliert wurde, ist für das arme Unterbewusstsein vollkommen unverständlich. Kommunikationsprobleme! Was nun? Hier liegt das Problem und das Scheitern der Vorsätze. Hinzu kommt die Frustration, die Ent-Täuschung und die Selbstvorwürfe. Wir bezichtigen uns selbst als Versager und Nieten, trauen uns irgendwann nicht einmal mehr die leichtesten Dinge zu. Wir sind unfähig.

Spätestens hier ist es an der Zeit, bewusst hinzuschauen und sich folgende Fragen zu stellen:

- Was ist mein Ziel? Ist es wirklich mein Ziel?
- Wie formuliere ich das Ziel?
- Welche Schrittgrößen / Etappen zum Ziel sind für mich angemessen?
- Wie belohne ich mich für Etappenziele?
- Habe ich mehrere Ziele? Sind alle gleich bedeutend?
- Schaffe ich alle gleichzeitig oder lege ich eine Reihenfolge fest, und wie?
- Ist es sinnvoll, das Ziel auf Umwegen zu erreichen?
- Welche Unwägbarkeiten / Querschläger / Torpedos gibt es?
- Ist das Ziel überhaupt für mich erreichbar, brauche ich Bundesgenossen?
- Mache ich alles richtig oder blamiere ich mich auf immer und ewig?

In meiner Beratungspraxis erlebe ich die interessantesten Varianten.

„Ich will mein Leben ändern, so darf das nicht mehr weitergehen. Alles muss leichter werden."

Dieser Vorsatz ist von vorne herein zum Scheitern verurteilt, weil das Ziel unkonkret ist. Selbst wenn der Mensch sein jetziges Leben kennt und sagt, so nicht. Unserem Unterbewusstsein und unserem Lebensstil nutzt das nichts. Das ist kein Ziel, das ist ein Hauch von Nichts. Der 1. Schritt hier lautet, das Ziel zu konkretisieren, z.B. ich gebe meinen erwachsenen Kindern kein Geld mehr sondern einen Tankgutschein, ich setze so Grenzen und halte sie. Ja, sicher, ich höre den Einwand, aber das ist doch ein Etappenziel. Ja, ein Ziel schon, aber kein Etappenziel des großen Ziels. Ziele sind immer konkret und planbar. Wünsche sind eher unkonkret / un-fass-bar, und sie erfüllen sich oder auch nicht. Merken Sie den Unterschied?

Schauen wir noch auf die Sprache: Formulierungen wie „Ich hoffe", „Ich wünsche", „Ich werde", „Ich möchte" führen zu hoffen, wünschen, werden und möchten. Formulierungen wie „Ich gehe jeden Dienstag um 8 Uhr zum Fitnesstraining" oder „Ich schreibe sofort eine Liste aller meiner anstehenden Aktivitäten" oder „Ich vereinbare einen Termin mit XY und rufe sofort an". Solche Sätze führen unmittelbar ins Tun, in die Tätigkeit. Sie merken, Tätigkeiten eindeutig und konkret formulieren ohne Füllworte und Hilfsverben. Zusätzlich einen exakten Zeitpunkt mit einbauen.

Es ist ganz wichtig zu unterscheiden, ob ich ein konkretes Ziel verfolge oder einen Wunsch, oder wie HPZ (www.hpz.com) sagt „ein Wünschlein". Ein Ziel ist unterschiedlich groß, je nach Größe erreiche ich es in wenigen Tagen, einem Monat, ein Vierteljahr, ein Jahr oder mehrere Jahre. Je größer ein Ziel ist, desto wichtiger ist es, dieses in Etappen aufzuteilen. Ein Weg besteht aus vielen Schritten. Den ersten Schritt gehen die meisten noch, doch dann stellt sich heraus, es ist mühsam, es ist schwieriger als gedacht, die Zeit fehlt. Alles fehlt, nur nicht die Ausreden. Vermutlich war es nicht Ihr Ziel, oder Sie hatten Angst sich zu blamieren?

Sie nicken schon die ganze Zeit. Ich bin mir sicher, das kennt jeder von Ihnen.

Wollen Sie etwas ändern? Dann planen Sie auch die kleinen Ziele: Legen Sie einen Termin fest, an dem Sie das Ziel erreicht haben wollen. Jetzt kommen die Etappen dran, brauchen sie welche, wenn ja, wie lauten sie und wann sind die Termine. Sie machen sich einen Projektplan. Für das Privatleben erscheint das mühsam und daher überflüssig. Genügend Vorsätze scheitern auch im Geschäftsleben. Häufig bekomme ich zu hören, ach, das habe ich im Kopf, das muss ich mir doch nicht aufschreiben. Und schon beginnt das Drama - und die Ausreden. Noch etwas ist wichtig, dieses Ziel veröffentlichen, also jemandem/vielen davon erzählen.

Ja, da ist sie schon wieder, die Angst, sich zu blamieren, zu versagen. Wir kommen später noch einmal dazu. Jetzt ist nur wichtig: Bleiben Sie mutig, bleiben Sie dran, auch wenn Sie Angst haben. Sie wachsen mit Ihren Erfolgen und Ihren Miss-Erfolgen. Erfolge bestehen aus einer Kette von vorangegangenen Misserfolgen. Nicht dass ich Ihnen die einreden will, nur, es gehört dazu wie Licht zu Schatten, Himmel zu Hölle, Wasser zu Erde. Jedes Ding hat zwei Seiten so wie eine Münze.

Weiter geht es: Welche Ereignisse können eintreten, die mich hindern, mein Ziel zu erreichen? Wie gehe ich damit um, wenn sie eintreten? Halten Sie sich genügend Handlungsalternativen offen und merken Sie sich die Wichtigste: Spontaneität und Gelassenheit. Lassen Sie die Dinge auf sich zu kommen, es könnte sein, dass sich eine unerwartete Handlungsalternative ergibt, an die Sie nie gedacht hätten. Diese könnte Sie sogar über einige Etappen hinweg heben und die Zielerreichung beschleunigen.

Ach ja, hier ist schon der erste und größte Querschläger: Beschleunigung, Eile, Schnelligkeit, Geschwindigkeit, mangelnde Geduld und Ausdauer. Alles gleich und sofort. Das Thema unserer Zeit.

Das Erreichen von Zielen braucht Zeit, Geduld und Ausdauer. Haben Sie Mut zu Ihrem eigenen höchstpersönlichen Tempo, um Ihr Ziel zu erreichen. Manchmal gibt es Umwege. In unserem kulturellen und gesellschaftlichen Denken gelten Umwege als Zeitverlust und Verschwendung. Betrachten wir Umwege einmal anders: Umwege erhöhen die Ortskenntnis. Wissen Sie, wie viele Versuche (Umwege) Edison gebraucht hat, um eine funktionsfähige Glühbirne zu bekommen: ca. 4000. Und er sagte immer, ich bin dankbar dafür, ich kenne knapp 4000 Möglichkeiten, eine Glühbirne nicht herzustellen. Er hatte Ausdauer, Geduld, nahm sich Zeit und lernte unglaublich viel während der Entwicklung. Er hatte keine Angst davor, sich zu blamieren. Er war in seinem tiefsten Inneren überzeugt, auf dem richtigen Weg zu sein. Und daraus dürfen wir lernen. Es ist ein unerschöpfliches Beispiel für die Erreichung von Zielen. Verlieren Sie nie den Mut.

Und haben Sie jederzeit den Mut, Ihr Ziel anzupassen. Gerade langfristige Ziel unterliegen einer Art Zeitgeist, z.B. sie wollen in den nächsten 10 Jahren Ihr Haus auf Energie-Ersparnis trimmen. Die Forschung entwickelt immer neue Möglichkeiten. Vielleicht geht es heute noch nicht, Ihr Dach mit Sonnenkollektoren zu bestücken, weil es nach Osten zeigt und die Dachneigung eine Aufrichtung nicht zulässt. In vier Jahren ist die Entwicklung soweit gediehen, dass Sie auch auf der Nordseite Kollektoren anbringen können, wer weiß? Betrachten Sie Ihre Ziele auch unter dem Aspekt der Modernisierung und Aktualisierung. Das hat etwas mit Stärke zu tun und Selbstbewusstsein.

Blamage und Peinlichkeit

Vor einigen Tagen schrieb eine Leserin (Inge Delarber, Mackenbach) in der Tageszeitung:

Alle Menschen können zwei Bücher schreiben. Buch 1: Meine Fehler, Buch 2: Die Fehler der anderen. Wir fürchten uns vor Versagen, wir haben Angst, uns zu blamieren. Wie peinlich, sagen wir uns, wenn wir etwas nicht schaffen. Hoffentlich hat es keiner gemerkt. Auch hier nützt ein neuer Denkansatz: Mut zur Unvollkommenheit. Fehler helfen uns. Sie helfen uns zu erkennen, dass wir gerade auf dem falschen Weg sind. Wenn wir genauer hinschauen, verstehen wir, was uns gefehlt hat, dass wir diesen Fehler gemacht haben. Daraus lernen wir, daraus entsteht Neues. Hier werden wir kreativ, weil wir uns die Zeit zur Betrachtung nehmen. Und, ist es noch immer so schlimm, Fehler zu machen, zu versagen, Mensch zu sein?

Und wenn wir schon dabei sind, es hilft, andere Menschen um Unterstützung zu bitten. Gemeinsam geht so vieles leichter. Auch das Erreichen von Zielen.

Das ist Mut zur Unvollkommenheit, anzuerkennen, dass mir allein die Kraft fehlt, ein Ziel zu erreichen.

Jetzt bleibt noch eine der oben aufgelisteten Fragen unbeantwortet: Ich habe mehrere Ziele, welches ist wichtig, wie gebe ich allen die richtige Reihenfolge? Zuerst einmal schaue ich, ob manche Ziele erst erreichbar sind, wenn ich andere Ziele aus meiner Liste erreicht habe. Das kann ich schnell herausfinden. Danach habe ich zwei Möglichkeiten, eine Reihenfolge für den Rest festzulegen. Zum einen nutze ich die Eisenhower-Methode. Achtung, dazu benötige ich sehr viel Mut und Entscheidungsfreude.

Eisenhower hat seine Aufgaben unterschieden zwischen
WICHTIG / DRINGEND / NICHT WICHTIG / NICHT DRINGEND.

Hieraus können wir eine Tabelle machen:

	DRINGEND	NICHT DRINGEND
WICHTIG	A	B
NICHT WICHTIG	C	P

P - Papierkorb; Small Talk, Gerüchteküche, Ablenkungsmanöver

A - Dringend und wichtig ist es, z.B. Konflikte zu bearbeiten,

B - Wichtig und nicht dringend z.B. Beziehungen und Netzwerke pflegen,

C - Telefonate, Besuche (unerwartet), E-Mails, Post

Schauen Sie auch einmal in der Seminarschmiede (www.seminarhaus-schmiede.de/pdf/prioritaeten.pdf) vorbei. Dort liegt ein interessanter Vortrag „Mache ich die Dinge richtig oder die richtigen Dinge?"

Einige Klienten erklären mir beim Durchgehen ihrer Listen unter Anwendung dieser Methode, alles ist Kategorie A. Damit ist der erste Schritt zum Ausbrennen gelegt. Alles ist wichtig, alles ist dringend, nichts darf liegen bleiben. Dann hilft eine andere Methode, „paarweiser Vergleiche" genannt. Angenommen Sie haben 5 Ziele, die Ihnen alle gleich wichtig und dringend erscheinen. Sie wissen auch, alle gleichzeitig sind nicht zu bewältigen.

Sie brauchen dringend eine Prioritätenliste. In der Folge beschreibe ich Ihnen die einfachste Variante des paarweisen Vergleiches:

Nehmen Sie das erste aufgeschriebene Ziel Ihrer Liste. Dieses vergleichen Sie jetzt mit dem zweiten aufgeschriebenen. Welches ist wichtiger für Sie? Hinter dieses machen Sie einen Strich. Jetzt vergleichen Sie das 1. und das 3., dann das 1. und 4., das 1. und 5. Nun nehmen Sie das 2. Ziel Ihrer Liste vergleichen es mit dem 3., das 2. und 4., das 2. und 5. Entsprechend verfahren Sie mit dem 3. und 4. Ziel. Das 5. hat keinen weiteren Partner mehr. Diese Methode lässt sich fast beliebig ausdehnen. Erfahrungsgemäß ist bei 10/11 das Ende des Nutzens. Sie haben jetzt eine „Hit"-Liste Ihrer Aktivitäten. Die meisten Striche finden sich bei dem Thema, dass die höchste Priorität hat. Da es auf Platz 1 liegt, machen Sie es als Erstes usw.

Wenn Ihnen das zu trivial erscheint (Ihrem Unterbewusstsein nicht), dann können Sie das ganze etwas verfeinern. Statt nur „entweder oder" zu entscheiden, gibt es folgende Variante.

Angenommen das Paar besteht aus X und Y. Dann entscheiden Sie beim Vergleich X ist wichtiger als Y und X bekommt zwei Punkte; Y ist wichtiger als X, dann bekommt Y zwei Punkte; beide sind gleich wichtig, dann bekommt jeder einen Punkt. Meine ganz persönliche Meinung dazu: Sie wollen sich nicht klar und eindeutig entscheiden. Diese Methode ist nur sinnvoll bei Produktvergleichen und deren Eigenschaften. Im Internet finden Sie eine ganze Reihe an Informationen dazu. Google ist sehr spendabel, wenn Sie nach „paarweiser Vergleich" suchen. Lassen Sie sich nicht irritieren, die Methode wird standardmäßig im Marketing bzw. Produktbereich angewendet.

So, jetzt habe ich Ihnen beschrieben, was alles zu beachten ist, wenn ich mir ein Ziel setze und dieses erreichen will. Der Fragenkatalog zu Beginn, die Erläuterung der einzelnen Punkte und die Hilfsmittel bzw. Methoden.

Ich, Christa Nehls, möchte Ihnen noch einmal folgendes sagen: Ziele erreichen Sie mit Ausdauer, Geduld, Konsequenz und der Nutzung Ihres persönlichen Tempos. Ich hoffe, Sie haben neuen Schwung gefunden, Ihre Ziele zu reaktivieren oder neu zu bestimmen. In diesem Sinne wünsche ich Ihnen viel Freude dabei.

Ausschließlichkeit
oder:
Meine Wahrheit, Deine Wahrheit!

Meine Wahrheit oder Deine Wahrheit? Das ist hier die Frage. Es klingt nach weiß und schwarz, nach heiß und kalt, nach Polarisierung, nach Gegensätzen. Beginnen wir mit einem Beispiel, gehört in der Warteschlange beim Optiker:

Eine Frau erzählte, dass ihre Tochter Probleme hatte. Deren Psychotherapeut unterhielt sich mit der Frau und schaute auf die Kindheit der Tochter, von der die junge Frau eine eigene Sicht hatte. Genau diese Sicht lehnte die Mutter ab und sprach von ihrer eigenen Wahrheit. Schließlich habe sie Fachbücher darüber gelesen.

Ist es nicht interessant? Wir sehen mit unseren Augen die Dinge und Abläufe und sprechen den anderen ab, eine eigene Sicht zu haben. Es scheint sehr schwer zu sein in unserer Gesellschaft, anderen ihre eigene Sicht der Dinge zu lassen, und daraus folgend auch ihre eigene Logik der Handlung.

Wenn nur die eigene Wahrheit gilt, ist das dann Bevormundung? Ja, ist es. Handelt es sich bei meiner Beurteilung auch wieder um Ausschließlichkeit, um meine Sicht der Dinge, meine Wahrheit? Ja, und wieder ja. Wir schließen von der üblichen Sichtweise darauf, was in Ordnung ist, was sich gehört, was normal ist. Wer bestimmt eigentlich, was normal ist? Unsere Kultur, unsere Gesellschaft, die Gemeinschaft. Und woher kommt das?

Nun, lange vor unserer Zeit wurden die Begriffe der „Tugend" definiert. Hierzu finden sich Informationen im Internet, z.B. bei Wikipedia oder bei www.hausarbeiten.de. Seit der Antike kennen wir die Begriffe der Tugenden und der Untugenden. Im christlichen Glauben werden Glaube, Hoffnung und Liebe durch Gregor den Großen um 600 n. Chr. genannt, in den weltlichen Tugenden (Platon, Aristoteles, Thomas von Aquin et al.) kommen z.B. folgende Begriffe: Klugheit (Wissen), Weisheit und Wahrheit oder Weisheit, Gerechtigkeit, Tapferkeit und Mäßigung. Zu den Untugenden zählen Eitelkeit, Hochmut, Trägheit und Begierde.

„Was Tugend ist, weiß ein jeder im alltäglichen Leben. Wo wir über unser eigenes Verhalten nachdenken, wo wir das Verhalten anderer beurteilen, überall orientieren wir uns an bestimmten Vorstellungen von dem, wie der Mensch sein soll." Und weiter: „Ebenso ist Tugend die durch beständige Übung und Selbsterziehung gewonnene gute sittliche Eigenschaft und Grundhaltung eines Menschen, die in seinem Denken und Handeln als echte Menschlichkeit zum Ausdruck kommt. Des Weiteren ist Tugend die durch beständige Übung erworbene körperliche und geistige Fähigkeit, das, was in einer Gesellschaft als gut und wertvoll angesehen wird, mit Leichtigkeit und Selbstverständlichkeit zu tun."

Schauen wir weiter, was Bertolt Brecht in „Verhör des Guten" über das Thema schreibt:

„Tritt vor:

Wir hören dass du ein guter Mann bist. Du bist nicht käuflich aber der Blitz der ins Haus einschlägt ist auch nicht käuflich.

Was du einmal gesagt hast, dabei bleibst du. Was hast du gesagt?

Du bist ehrlich, du sagst deine Meinung. Welche Meinung?

Du bist tapfer. Gegen wen?

Du bist weise. Für wen?

Du siehst nicht auf deinen Vorteil. Auf wessen denn?

Du bist ein guter Freund. Auch guter Leute?"

„So höre:

Wir wissen du bist unser Feind. Deshalb wollen wir dich jetzt an eine Wand stellen. Aber in Anbetracht deiner Verdienste und guter Eigenschaften an eine gute Wand und dich erschießen mit guten Kugeln guter Gewehre und dich begraben mit einer guten Schaufel in guter Erde."

Solange wir urteilen ohne Kenntnis, sind wir nicht in der Lage, einen Menschen „sein" zu lassen, ihn so anzunehmen, wie er ist. Wir interessieren uns nicht für das gesamte Bild, sondern wir betrachten nur den Ausschnitt, den wir gerade sehen. Das nennt man auch selektive Wahrnehmung, oder fachlich: tendenziöse Apperzeption. Umgangssprachlich reden wir von der gefärbten Brille.

Anm.: Erinnern Sie sich noch an den Physikunterricht? Dort spielten wir in Optik mit Bildern und Texten in unterschiedlichen Farben. Es gab unterschiedlich gefärbte Folien, die auf die Bilder und Texte gelegt wurden. Dadurch änderte sich das Bild bzw. der Text. Es fehlten Ausschnitte der Bilder, einzelne Worte oder gar ganze Sätze im Text. So funktioniert unsere persönliche Wahrnehmung, wir sehen nur einen Teil des Ganzen. Wir hören nur einen Teil des Ganzen. Und wir fühlen nur einen Teil des Ganzen.

So entsteht: Meine Wahrheit – Deine Wahrheit. Je überzeugter ich von meiner Wahrheit bin, desto tiefer rutsche ich in die Ausschließlichkeit.

Wäre es nicht viel bereichernder, wenn wir in der Lage wären, eine Sache aus mehreren Perspektiven zu betrachten? Wäre es ein Gewinn und eine Erweiterung für das eigene Bewusstsein, dieser Perspektivenwechsel oder Paradigmenwechsel? Es besagt nichts anderes, als dass wir die gewohnte Betrachtungsebene verlassen und von einer neuen Warte aus einen neuen Eindruck und somit andere, neue Reaktionsmöglichkeiten gewinnen.

Dazu gehört

1. Mut
2. Der Wille, seinen Blickwinkel zu verändern
3. Die Fähigkeit mit allen Sinnen zuzuhören
4. Loslassen

Das sind vier ziemlich große Aufgaben.

- Mut, etwas Neues zu wagen. Seine gewohnten Wege zu verlassen und damit die Vertrautheit des Gewohnten aufzugeben. Unsicherheit zulassen, und doch einen Anfang zu wagen.
- Der Wille, seinen Blickwinkel zu verändern. Mut allein reicht nicht. Manchmal wird der Mut überwältigt von so viel Neuem und Unwägbaren, dass der Mut wieder ganz klein wird und zurück krabbelt in die Ecke, aus der er gekommen ist. Dann kommt der Wille in Spiel. Der unterstützt den Mut, er hilft, es zu wagen, er feuert an zu handeln.
- Zuhören mit allen Sinnen: Alfred Adler nannte das Empathie. Mit den Augen des andern sehen, mit den Ohren des anderen hören und mit dem Herzen des anderen fühlen. Das ist wirklich ein Wagnis. Da kommt soviel Neues auf den Mutigen zu, wenn da nicht der Wille wäre, würde der Mut schon gerne wieder klein werden. Aus diesem Zuhören heraus gilt es jetzt, den anderen zu verstehen. Wichtig, erst verstehen.

- Loslassen des alten gewohnten Blickes, der gewohnten Haltung, der gewohnten Reaktion, aus der eigenen Erfahrung heraus (Stephen R. Covey spricht hier von der Autobiografie). Wir neigen so gerne dazu, dem anderen zu sagen: „Ja, das kenne ich, das habe ich auch schon erlebt. Ich sage Dir, was ich in der Situation gemacht habe." Zack, und die Verbindung ist zerstört. Also, dieser Satz ist zu Anfang verboten. Ob ich eine von meinen Erfahrungen ans Tageslicht hole, ergibt sich aus der gesuchten Hilfestellung. Fragt jemand ausdrücklich danach, prima, dann los. Schildert jemand ein Problem, hat jemand eine Frage, dann erst einmal zuhören mit allen Sinnen. Das funktioniert nur, wenn ich alles loslasse, was ich zu sagen gedenke, bevor der andere richtig angefangen hat zu kommunizieren.

Diese vier Teilschritte helfen uns, den anderen ihre Wahrheit zu lassen. Sie helfen uns auch, die eigene Wahrheit erst einmal zu lassen. Sich in einen anderen einfühlen bedeutet, den eigenen Standpunkt und die eigene Meinung auf die Seite zu stellen. Bedeutet auch, Raum in sich zu schaffen, den Standpunkt des anderen an- und einzunehmen, ohne sich selbst aufzugeben oder zu verlieren.

In diesem Sinne wünsche ich Ihnen viel Erfolg bei der Entdeckung neuer Wahrheiten, beim Entdecken der Graustufen zwischen schwarz und weiß und dem Rest des Farbspektrums.

Neue Wege gehen

Abb.: Weihnachtskarte von 2002 (Quelle unbekannt)

Neulich musste ich eilig von einem Termin zum nächsten fahren. Genauer gesagt von Heidelberg nach Ludwigshafen. Mir blieben 45 Minuten, das reicht normalerweise, pünktlich zu sein. Als ich durch Mannheim fuhr, war alles fein, bis zum Hauptbahnhof. Ab dort stand ich dann im Stau. Eine halbe Stunde später, am Mannheimer Schloss, mühte ich mich immer noch samt Auto vorwärts. Ganz ehrlich, ich wäre schneller gewesen, aber ich konnte doch das Auto nicht stehen lassen.

Nun denn, übe Dich in Geduld, sagte ich mir. Irgendwie kamen die Worte nicht bei meinen Ohren an, ganz zu schweigen von dem weiteren internen Weg. Ich blieb ungeduldig. In dieser Ungeduld sah ich, die Brücke nach Ludwigshafen war verstopft, erst drei- und dann zweispurig. Ich schaffte es, diesen Stau zu verlassen, im nächsten Stau zu landen, und das auch noch auf der Fahrspur in die entgegengesetzte Richtung zu meinem Ziel. Meine Begeisterung wuchs ebenfalls in die falsche Richtung. Ich entschloss mich ganz unkonventionell, die leere Spur in der Mitte zu nehmen, und landete im Hafen.

Zum Glück stamme ich aus der Zeit, als es noch kein Navigationssystem gab und mein persönlicher Orientierungssinn gefragt war. Der wurde auf der leeren Spur hellwach. Ich nahm die erste Straße nach rechts, rein instinktiv, telefonierte noch kurz vom Straßenrand mit der Dame meines nächsten Termins (meine vereinbarte Ankunftszeit war vorbei) und folgte dann den wenigen Autos. Ein weiterer Instinkt war geweckt. Wenn hier auch Autos mit meinem Kennzeichen zielsicher hindurch sausen, hänge ich mich einfach hinten dran. Erstaunlicherweise führte diese Straße unmittelbar auf die andere Brücke nach Ludwigshafen, die fast komplett leer und frei war, und ich war innerhalb von gut fünf Minuten incl. Telefonat am Ziel. Die andere Strecke dauert gut 10 Minuten.

Ist es nicht erstaunlich, wie blind wir unseren Gewohnheiten folgen? Da haben wir gelernt, wenn wir uns auf diese Art und Weise ernähren, dann geht es uns gut. z.B. wir essen nur Gekochtes, Rohkost mögen wir nicht, weil wir Verdauungsprobleme damit haben, weil der Geschmack so streng ist, weil …, weil …, weil … Erst wenn wir überdeutlich mit anderen Ernährungsmöglichkeiten konfrontiert werden, ändern wir vielleicht etwas.

Gelegentlich brauchen wir einen überdeutlichen Hinweis auf andere Möglichkeiten. Oder wir nehmen immer die gleiche Strecke ins Büro. Dabei gäbe es eine bequemere und vielleicht sogar kürzere Strecke (s. o.). Wir haben uns daran gewöhnt.

Neue Wege bedeuten Veränderung in unserem Leben. Veränderung bedeutet, alte (lieb gewonnene) Gewohnheiten aufzugeben. Gewohnheiten aufzugeben bedeutet, eine feste Größe im Leben zu verlieren. Bedeutet, das, was uns bisher Halt gegeben hat, aufzugeben. Kinder lernen das mit ihrem ersten Schnuller, dem ersten Schmusetier. Doch Kinder sind noch neugierig und entdeckungsfreudig. Ihnen fällt Veränderung leicht.

Rückblickend betrachtet, gefällt mir mein „Abenteuer". Ohne diese Erfahrung wäre ich nicht auf die Idee gekommen, etwas zu ändern. Ich bin nicht sicher, ob das meine neue Standardstrecke wird. Aber ich bin offener geworden für eine Veränderung. Und ich habe wieder erkannt, dass Abwechslung Trumpf ist.

Nun ja, die Stadt Ludwigshafen fordert ohnehin seit dem Sommer fahrerische Kreativität, immer neue Baustellen an immer neuen Orten, mit bekannten Baustellen und neuen Fahrbahnvarianten, mit kommentarlos abgesperrten Straßen und ohne ersichtlichen Grund. Jede Fahrt ein neues Abenteuer. Jede Fahrt eine Herausforderung für lieb gewonnene Gewohnheiten.

Wieso machen die Betroffenen das mit? Wieso funktioniert das hier? Klar, ich höre von allen Seiten Schimpfkanonaden, wie schrecklich das ist mit den Baustellen, aber gleichzeitig höre ich auch ein bisschen Pioniergeist. Hast Du schon die Strecke ausprobiert, in der Zeit von 7 – 8 Uhr morgens ist die vollkommen frei? Na, bald nicht mehr … Jeder hat eine gute Idee beizusteuern und präsentiert diese sogar mit einem gewissen Stolz. Es ist angesagt, flexibel zu sein und Neues zu entdecken. Natürlich will ich dafür auch gelobt werden, sonst war die Mühe doch unnütz. Oder?

Ob Sie es glauben oder nicht, während ich die neue Strecke fuhr und erkannte, wo ich mich befand und bewegte, war ich plötzlich begeistert. Sie war kürzer und weniger befahren und leichter zu fahren. Ich war erstaunt, dass ich diese Strecke nicht schon vorher in Betracht gezogen hatte.

Und so ist es auch im sonstigen Leben. Erst sind wir verärgert oder sogar verängstigt, wenn eine Veränderung ansteht. Sehen und spüren wir aber erst einmal den Nutzen des Neuen, dann keimt ganz vorsichtig Begeisterung bis diese offen ausbricht. Und spätestens jetzt ist der Zeitpunkt gekommen, sich selbst zu loben für diese tolle Tat.

Bleiben Sie dran, bleiben Sie bei sich, nutzen Sie Ihre persönliche Chance, machen Sie weiter. Sie finden immer mehr, was sich zu ändern lohnt. Sie werden immer mutiger. Ganz plötzlich erkennen Sie, das Leben wird leichter. Erhalten Sie sich Ihren Mut, offen zu sein für Neues, offen zu sein, Neues auszuprobieren. Und nutzen Sie Ihren gewonnenen Mut, Entscheidungen zu treffen und die Konsequenzen auszuhalten.

Vielleicht hilft Ihnen an dieser Stelle auch der Satz: „Nur mit leeren Händen kann man nach Neuem greifen." Das ist natürlich im übertragenen Sinn gemeint und bedeutet: Ihr Repertoire an Handlungsmöglichkeiten ist erschöpft, Ihre Hände sind leer. Genau an diesem Punkt sind Sie und Ihre Gehirnwindungen gefordert, kreativ zu sein, neue Lösungen zu finden, neue Wege zu sehen und zu gehen.

Kennen Sie die Autobiographie in 5 Kapiteln von Sogyal Rinpoche aus „Das tibetanische Buch vom Leben und vom Sterben"? Nein, dann schreibe ich Sie Ihnen hier auf:

Kapitel 1

Ich gehe die Straße entlang.

Da ist ein tiefes Loch im Gehsteig.

Ich falle hinein.

Ich bin verloren ... Ich bin ohne Hoffnung.

Es ist nicht meine Verantwortung.

Es dauert endlos, wieder heraus zu kommen.

Kapitel 2

Ich gehe dieselbe Straße entlang.

Da ist ein tiefes Loch im Gehsteig.

Ich tue so, als sähe ich es nicht.

Ich falle wieder hinein.

Ich kann nicht glauben, schon wieder am gleichen Ort zu sein.

Aber es ist nicht meine Verantwortung.

Immer noch dauert es sehr lange, heraus zu kommen.

Kapitel 3

Ich gehe dieselbe Straße entlang.

Da ist ein tiefes Loch im Gehsteig.

Ich sehe es.

Ich falle immer noch hinein ... aus Gewohnheit.

Meine Augen sind offen.

Ich weiß, wo ich bin.

Es ist meine eigene Verantwortung.

Ich komme sofort heraus.

Kapitel 4

Ich gehe dieselbe Straße entlang.

Da ist ein tiefes Loch im Gehsteig.

Ich gehe darum herum.

Kapitel 5

Ich gehe eine andere Straße.

Alles neu ...

Frühling im Alten Land

Es ist Mai, draußen blühen die Maiglöckchen. Woher wissen sie nur, dass sie jetzt blühen müssen, pünktlich, wie es der Kalender sagt. Die Natur sieht nach dem Sommertag letzte Woche und dem Regen zum Wochenende frisch aus, alles neu und doch wie jedes Jahr. Die Natur hält sich an das, was sie kennt und vor allem an das, was sich bewährt hat.

Aber machen wir Menschen das nicht auch? Uns an das bekannte, bewährte halten. Getreu dem Motto: „Ich ziehe die bekannten Höllen den unbekannten Himmeln vor." Wie ist das mit uns Menschen? Wenn wir etwas ganz Neues machen, ist es dann wirklich neu, oder legen wir nur eine alte Musikaufnahme in ein neues Abspielgerät? Alter Wein in neuen Schläuchen? Sind wir da anders als die Maiglöckchen?

Auf den ersten Blick sicher nicht. Auf den zweiten Blick schleicht sich Nachdenklichkeit ein, wenn ich jetzt wie ein Maiglöckchen bin, wo ist dann mein Menschsein. Wodurch zeichnet es sich aus, ein Mensch zu sein? Der Mensch hat Gefühle, der Mensch drückt seine Gefühle aus – zumindest häufig – der Mensch trifft Entscheidungen, bewusst oder unbewusst. Und jetzt schließt sich der Kreis, wenn wir unbewusst unsere Entscheidungen treffen, also z.B. die alte Musik ins neue Abspielgerät legen, dann gleichen wir dem Maiglöckchen. Wir behalten unsere Gewohnheiten und richten uns darin ein. Wir laufen immer in derselben Spur, ziehen nur andere Kleider an.

Wenn wir bewusst Entscheidungen treffen, dann gehen wir mit offenen Augen in eine Situation, dann gehen wir einen neuen Weg, ziehen neue Spuren. Dann tragen wir die Konsequenzen unseres Tuns, auch wenn der Weg steinig ist, mühsam, unübersichtlich, nass, steil, gewunden. Dann bereuen wir unsere Entscheidungen. Oft genug wollen wir die Konsequenzen unserer Entscheidungen nicht tragen und treffen auch damit eine Entscheidung. Wir wundern uns nur ein wenig, mal über dies, mal über das, was uns so widerfährt. Damit es etwas klarer wird, ein paar konkrete Beispiele:

Beispiel 1:

Gewicht zu- und abnehmen...

Klara und Bert fällt die Entscheidung, sich jetzt den Bauch voll zu hauen, leicht und schnell. Das erste Gefühl anschließend ist wohltuend, der Bauch rund und gefüllt, ein warmes und wohliges Gefühl. Wenn Klara und Bert das immer wieder machen, sammeln sich eine ganze Menge Pfunde an. Ihr Gewicht steigt so hoch, dass eine schlichte, handelsübliche Waage keine Antwort mehr gibt. (NB: Wer nicht weiß, wie viel Kilo eine handelsübliche, analoge (Federzug-)Waage misst, dem sei gesagt: so um die 120 – 130 kg. Die modernen, digitalen kommen bis auf 150 kg). Um dahin zu kommen, vertilgen Klara und Bert schon eine Menge an Nahrungsmitteln.

NB: Wussten Sie, dass ca. 7000 kcal ein Kilo Übergewicht in Fettform ergeben? Sicherlich eine gute Investition, auch finanzieller Art. Das Geld bleibt bei „Ihnen". Und alle Pfunde auch.

Nehmen wir weiter an, Klara und Bert haben schon eine erfolgreiche Zeit mit dem Verlieren von Pfunden zugebracht, vielleicht so 25 / 30 / 50 Kilogramm. Sie haben gelernt, ihre Ernährung anders zu gestalten, Bewegung in den Alltag zu integrieren. Ihre Gesundheit verbessert sich nach und nach, Diabetes, Bluthochdruck, Gelenkschmerzen etc. verschwinden fast vollständig und damit auch die Medikamente. Klara und Bert werden gesünder.

… und plötzlich, eines schönen, schlechten Tages, geschieht etwas vollkommen Unerwartetes: Bert wird krank, sein Rücken schmerzt sehr stark, er kann sich kaum bewegen. Klara hat zufällig ihre Traumwohnung gefunden, der Umzug und die Renovierung machen Stress.

Manu, eine Freundin, bekommt DIE Chance, sich beruflich weiter zu entwickeln, und die Fortbildung findet neben dem normalen Job statt. Und alle 3 machen wieder das, was bei ihnen schon immer, fast ihr ganzes Leben lang, gut funktioniert hat: Klara, Bert und Manu fallen zurück in ihre alten Gewohnheiten.

Bei einem vormals deutlich übergewichtigen Menschen bedeutet das, er isst, und er isst viel, denn das füllt den Magen. Es ist wohltuend, der Bauch ist rund und gefüllt, ein warmes und wohliges, ja tröstliches Gefühl stellt sich ein. Alles rundherum fühlt sich warm und behaglich an, der Stress, die Belastung, das Verfangen sein im Alten lässt sich wieder ertragen. Und – schwupp – sind die 25 / 30 / 50 Kilogramm wieder drauf, und weil es so schön war, noch ein paar mehr. Was sind schon so läppische 7000 kcal, die ein Kilogramm Körperfett neu erzeugen?

In meinen Adipositas-Kursen werde ich immer wieder gefragt: warum macht man das, warum passiert mir das? Ja, warum? Immer wieder vermuten die Teilnehmer, ich bin süchtig, ich habe Esssucht. Dazu kann und will ich nichts sagen, das ist bis heute noch nicht erforscht. Es gibt nur den Begriff der Essstörungen.

Beispiel 2:

Vorsätze an Silvester fürs Neue Jahr oder so...

Bert hat sich vorgenommen, viele Kilos abzunehmen; Marie will endlich ihren Bootsschein machen; Hans hat sich fürs Neue Jahr vorgenommen, mit dem Rauchen aufzuhören; Lilli will endlich mehr für sich tun, Bücher lesen, Fitnesstraining, Entspannungsübungen, bewusste Ernährung. Zuerst klappt das auch ganz gut.

Bert hat sich einer Abnehmgruppe angeschlossen, weil er nicht alleine sein möchte. Marie hat sich wieder ihre Bücher hervor geholt, um jeden Tag eine halbe Stunde zu lernen. Hans hat sich schlau gemacht mit Büchern und mit einem Heilpraktiker gesprochen, der ihm Nadeln setzt. Er traut sich selbst nicht. Lilli war im Fitnessstudio und hat sich für verschiedene Kurse angemeldet, um fit zu werden und Entspannungstechniken zu erlernen. Sie hat sich vorsichtshalber gleich für ein halbes Jahr angemeldet und die Gebühren im Voraus bezahlt.

Doch wie es immer so im Leben ist, das Leben und der Alltag holt sie alle ein. Hans raucht mehr als je zuvor, die Nadeln machten ihn verrückt, er hatte nur noch mehr Sehnsucht nach seiner Zigarette.

Es war doch so schön gedacht, die Bücher, die Nadeln, da hört der Drang nach der Zigarette ganz von allein auf. Doch er vergaß, sich selbst mit in die Verantwortung zu nehmen.

Lilli‘s Zwillingsschwester erkrankt. Sie kann keinen klaren Gedanken mehr fassen, hat Angst, dass sie die gleiche Krankheit in sich trägt, sorgt sich um die Schwester und deren Leben, vergisst sich selbst – und das Fitnessstudio.

Marie arbeitet nun seit einigen Wochen konsequent mit ihren Büchern. Sie hat sich einen Plan aufgestellt, nach dem sie lernt, soweit möglich täglich. Sie setzt sich Ziele, welchen Stoff sie von einer Woche zur nächsten gelernt haben will. Sie bleibt konsequent dabei, lässt auch gelegentlich einen Lerntag aus, um zu entspannen und etwas anderes zu machen. Am nächsten Tag wird sie sich zur schriftlichen Prüfung anmelden. Wenn sie diese besteht, kann sie sich zur praktischen Prüfung melden.

Bert wird krank, sein Rücken. Er futtert wieder leidenschaftlich. Doch nach drei Wochen zieht er die Notbremse. Er sucht sich Unterstützung, bespricht, was passiert ist. Er erinnerte sich dunkel an einen Satz, den er im Programm gelernt hatte: „Hinfallen ist keine Schande, nur liegen bleiben.” Er war zwar kurz auf dem Trip, „jetzt ist auch alles egal” (Dammbruch) und schämte sich für seinen Rückfall, aber der Satz holte ihn zurück.

Fazit

Ungeplante, überraschende Ereignisse unterbrechen neu gewonnene Abläufe und neue Gewohnheiten. Diese neu gewonnenen Abläufe, Handlungen, Rituale, Gewohnheiten sind noch nicht stabil. Im Gegenteil, sie sind noch sehr zart und zerbrechlich, wie ein junges Pflänzchen im Beet. Und so gerät (fast) alles wieder in Vergessenheit, die alten Gewohnheiten sind stärker, fast wie einzementiert. Die neuen Pflänzchen verdorren, weil sie nicht mehr „gegossen" werden.

Meine Erfahrungen zeigen, die Gewohnheiten sind es. Jeder Mensch hat Gewohnheiten, die je nach Lebensalter kürzer oder länger Zeit hatten, sich in den Hirnwindungen einzugraben.

Kleiner Exkurs: Kennen Sie eigentlich die alten Hohlwege, über die früher alles mit großen Fuhrwerken transportiert wurde? Die „Hohle Gasse" bei Küssnacht, durch die Wilhelm Tell gegangen sein soll, durch Wagenspuren zerfurchter Stein, bemoost. In früheren Zeiten war rings herum zwischen den Seen Sumpfland, es gab nur diesen Hohlweg über die Berge zwischen dem Zuger See und dem Vierwaldstätter See.

Dort haben sich im Verlauf vieler Jahrhunderte die Wagenspuren tief und tiefer eingegraben, so tief, dass nur noch die Fuhrwerke dort fahren können, andere Fahrzeuge würden aufsetzen. So ähnlich funktionieren Gewohnheiten im Gehirn, sie graben tiefe, tiefe Spurrillen. Sie sind so stark in uns, dass wir alles aufbieten müssen, um uns von dieser Gewohnheit wieder zu ent-wöhnen.

Die lieb gewordenen Gewohnheiten können Klara, Manu, Lilli, und Hans erst los lassen, wenn sie diese Gewohnheiten nicht mehr lieben. Bert und Marie haben einen Weg gefunden, Bert ist noch etwas schwankend unterwegs, Marie ist sich ihrer vollkommen sicher. Sie hat ihr Ziel greifbar vor Augen. Beide haben sich ganz klar dafür entschieden, die Verantwortung für sich selbst zu übernehmen.

So schön es ist, etwas erzählt zu bekommen, einen Ratgeber zu lesen, Behandlungen zu erfahren (z.B. Akupunktur-Nadeln im Ohr, operative Magenverkleinerung etc.), doch es tut sich nichts, der Mensch verharrt. Erst wenn er oder sie etwas tut, also aktiv ins Tun / Handeln kommt, dann kommt Veränderung. Vorsichtig erst, übend, tastend, doch aktiv handelnd. Je mehr Sie üben, desto sicherer werden Sie, desto stärker und robuster wird das zarte Pflänzchen namens „neue Gewohnheit", desto stärker werden sie, desto stabiler die neue Gewohnheit.

Haben Sie gerade gemerkt? Nur das Tun zählt, das aktive Handeln. Dazu brauchen Sie Mut. Und Sie brauchen noch mehr Mut, dran zu bleiben, die Veränderung durchzuführen, das Neue in Ihr Leben zu integrieren. Und nun heißt es: ÜBEN ÜBEN ÜBEN. Und wenn Sie damit fertig sind: ÜBEN ÜBEN ÜBEN. Ich wünsche Ihnen von Herzen viel Erfolg, viel Mut, viel Kraft und noch mehr Durchhaltevermögen bei Ihren Veränderungen. Übernehmen Sie die Verantwortung für sich, tragen Sie die Konsequenzen. Es lohnt sich, schließlich ist es für das wertvollste, das Sie besitzen, für Sie selbst.

Und nicht vergessen: „Hinfallen ist keine Schande, nur liegen bleiben."

Eigentlich...

„Wenn ich´s mir richtig überlege, sollte ich..."

EIGENTLICH…

… wollte ich doch schon vor einem Jahr etwas zum Abschied nehmen schreiben.

… wollte ich doch schon vor Monaten einen neuen Newsletter versandt haben.

… wollte ich schon längst ein bestimmtes Buch lesen.

… wollte ich jemanden Bestimmtes anrufen / besuchen.

… wollte ich wieder mehr mich selbst achten.

Kennen Sie das auch? Eigentlich… unsere guten Absichten, die wir immer wieder vor uns her schieben, die wir aus den vielfältigsten Gründen nicht ausführen. Gerade wollte ich schreiben „in Angriff nehmen". Genau da liegt die Schwierigkeit, diese bestimmte Handlung zu vollziehen, erscheint es uns notwendig, Extra-Kräfte aufzuwenden, ja zu kämpfen. Wir befürchten sonst, es nicht zu schaffen. Doch Kampf hindert uns mehr, als dass er nützt.

Eigentlich… wollte ich vor einem Jahr mit einem schwer kranken Freund hier etwas über Abschied, Sterben, Tod schreiben. Er sagte im Frühjahr 2009, nein, nein, jetzt nicht, im Frühjahr und Herbst und Winter schreiben alle darüber, wir schreiben im August etwas dazu. Doch dazu kam es nicht mehr. Im August verschlimmerte sich sein Zustand, die Therapien wurden abgesetzt, da wirkungslos, und er starb im September im Hospiz. Immer wieder sagte er, ich habe alles im Kopf schon fertig, ich brauche nur noch meinen PC, dann können wir schreiben. Der Tod war schneller.

Eigentlich… wollte ich dann allein den Text verfassen und versenden, um festzustellen, dass ich nicht in der Lage dazu war, solange meine Trauerarbeit unerledigt um die Ecke schaute, solange und überhaupt und eigentlich …

Meine Trauerarbeit, ja die habe ich gemacht. Ein anderer Newsletter wird über Abschied und Tod berichten. Nur dieses Mal, liebe Leserinnen und Leser, wundern Sie sich nicht, heute ist es nur nachdenklich und sogar ein bisschen philosophisch.

Eigentlich … die Schwester von „Hätte ich doch …". Was hätten wir eigentlich so alles machen können, wenn wir es denn getan hätten? Unser Dichterfürst Johann Wolfgang von Goethe hatte dazu – mal wieder – einen guten Spruch: „Es ist nicht genug zu wissen, man muss es auch anwenden. Es ist nicht genug zu wollen, man muss es auch tun."

Und da sind wir am springenden Punkt: Dinge, die wir immer tun wollten und nicht tun, vergessen wir irgendwann. Dann kommt das große Bedauern, die Reue, die Verzweiflung: „hätte ich doch …" Sie verstehen, nicht ohne Grund habe ich den schleichenden Tod des Freundes angemerkt. Eigentlich wollten wir immer, nur getan haben wir nie. Schade, denn es gab keine zweite Chance für uns, gemeinsam über Abschied und Tod zu schreiben.

Wie ist das so mit den verpassten Chancen? Wir trauern ihnen meistens nach. Wie wäre es, statt dessen zu fragen, wozu nutze ich meine Zeit sonst? Gibt es etwas, das mir wichtiger erscheint? Gibt es etwas, das mich so fesselt, dass ich nichts anderes mehr tue und denke? Dann hatte es einen Sinn mit der scheinbar verpassten Chance. Etwas viel Wichtigeres, eventuell sogar viel Persönlicheres wartet darauf, von Ihnen getan zu werden. Es gibt kein „Eigentlich …", nur noch ein Ja zum Handeln.

Beenden Sie sofort Ihre Klagen über verpasste Chancen, es gibt unendlich viele neue Chancen und Möglichkeiten. Ihr Klagen hindert Sie nur, die neuen zu sehen und zu ergreifen. Also, was auch immer da ist, ein neues Kleid, ein Buch, ein Auto, ein Spaziergang, ein Urlaub, ein Gespräch mit einem lieben Menschen, tun Sie es. JETZT! Sowie Sie es tun, gibt es keine verpasste Chance zum Beklagen. Übrigens, Alfred Adler sagte einmal dazu: „Die größte Gefahr im Leben ist, dass man zu vorsichtig ist."

Sie wollten schon immer etwas gänzlich Neues ausprobieren? Tun Sie es, damit es keine verpasste Chance wird. Ein Beispiel von mir / Über mich:

Ich habe im Frühjahr für mich entschieden, dass ich Snooker spielen lernen will, eine hochstrategische Variante des Billards. Über 20 Jahre hatte ich den Spielern bei den TV-Übertragungen zugeschaut und Rolf Kalbs Kommentaren gelauscht. Nun habe ich Trainerstunden genommen, übe mich darin, immer wieder zum Üben an den Tisch zu gehen.

Im August war ich sogar zu Gast bei einem großen Snooker-Turnier in Fürth. Ich habe vorher gezögert, muss das sein, macht das Sinn, habe ich nicht Wichtigeres und Besseres zu tun? Die Antwort: Vielleicht, aber das Erlebnis „Turnier" war noch wichtiger für mich. Ich habe andere Interessierte, die sich auch als *Verrückte* bezeichnen, kennen gelernt. Wir haben uns ausgetauscht und alle einmütig festgestellt, dieser Sport macht sehr demütig und gelegentlich auch wütend. Wütend, wenn die Kugeln einfach nicht in die Taschen gehen wollen. Eigentlich sind diese Kugeln ja ziemlich nervig. Und un-eigentlich machen die Kugeln nur genau das, was der Spieler mit ihnen macht, denn sie haben keinen eigenen Willen. Dazu mehr in einem anderen Newsletter.

Zusammenfassung: ich habe es gemacht und bin draußen aus dem „Eigentlich würde ich gerne Snooker spielen." Jetzt ist nur noch das Üben wichtig.

In diesem Sinne: Lassen Sie „eigentlich …" und „hätte ich doch nur …" hinter sich. Werden Sie zum Gestalter Ihres Leben und entscheiden Sie bewusst, was Sie tun und was Sie lassen. Dann gibt es keine verpassten Chancen mehr.

Und wie immer bleibt mir nur zu sagen: „Üben Sie, Übung macht den Meister." Tja, und nicht vergessen beim Üben: „Hinfallen ist keine Schande, nur Liegenbleiben." Also, üben Sie konsequent weiter, halten Sie durch. Stehen Sie zu sich und Ihren Wünschen.

Snooker oder die neue Form der Demut?

Snookertisch bereit zum Spielen
Snookerhall Mannheim

Vielleicht erinnern Sie sich noch, dass ich Ihnen von meiner persönlichen Überwindung des „Eigentlich …” erzählte. Ich lernte Snooker spielen. Sie fragen natürlich zu recht, was hat Snooker mit Demut zu tun, und was hat es hier zu suchen?

Schauen Sie, manchmal ist es im Leben vertrackt. Da läuft nichts zusammen, wie es zusammen laufen soll. Alles war so schön geplant und gedacht. Dann läuft plötzlich nichts mehr zusammen. Genau so ist es beim Snooker.

Beginnen wir mit der Erklärung von Snooker. Wikipedia schreibt dazu u. a. „Snooker ist eine Variante des Präzisionssports Billard, die mit speziellen Queues auf einem Snookertisch gespielt wird. Das Spielprinzip besteht darin, 15 rote und sechs andersfarbige Bälle („die Farben”) mit dem weißen Spielball nach bestimmten Regeln in die Taschen zu versenken.” … „Snooker hat, verglichen mit anderen populären Formen des Billards, einen höheren technischen Schwierigkeitsgrad und stellt größere Anforderungen an die spieltaktischen Fähigkeiten der Spieler. Die höhere technische Schwierigkeit ergibt sich hauptsächlich aus der im Vergleich zu vielen anderen Billardvarianten größeren Fläche des Spieltisches und aus dem kleineren Durchmesser der Kugeln. Auch sind die Taschen weiter in die Banden eingezogen und enger …”

Aufgrund dieser Beschreibung verstehen Sie bestimmt, dass auch beim Snooker vieles schön gedacht und geplant wird (Stöße im Voraus planen ähnlich wie beim Schach die Züge), und letztlich doch die Kugel nicht im Entferntesten daran denkt, in der Tasche zu verschwinden. Ganz zu schweigen davon, dass der Ball sich genau dahin legt, wo der Spieler ihn haben will bzw. braucht, um einen Anschlussstoß zu platzieren. Ganz ehrlich, gelegentlich treibt das den Spieler zur Verzweiflung oder in einen Wutanfall. Doch das veranlasst die Kugel nun keinesfalls, sich eines anderen zu besinnen, auch wenn es erklärtes Ziel dieses Spieles ist, alle Kugeln mit entsprechend geschickten Stößen und gut positionierten Kugeln nacheinander vom Tisch zu schießen.

Rückblende: Seit ca. 1990, eventuell sogar früher, schaue ich mir auf Eurosport die Übertragungen von Snookerturnieren an, kenne die meisten Spieler der Top 100 vom Namen oder sogar vom Gesicht her, manchmal sogar auch den Spielstil. 2007 und 2010 besuchte ich zwei Schaukämpfe in der Nähe mit Ken Doherty und Joe Swail (beide Spieler der Main Tour, ähnlich wie beim Tennis die ATP Tour usw.), im August dann zum ersten Mal ein richtiges Snookerturnier in Fürth, ein Weltranglistenturnier.

Genug der Vorberichte und Erläuterungen, nun die Hauptsache: von Mai bis Juli habe ich Einzeltrainerstunden genommen und ganz gute erste Erfolge beim Versenken der Kugeln gehabt. Alles Weitere ist Übungssache, sagte der Trainer. Das erinnern Sie sicher aus vielen vorigen Ausgaben: ÜBEN ÜBEN ÜBEN. Das wissen Sie, wenn Sie einen Beruf erlernen, wenn Sie ein Instrument spielen lernen, wenn Sie Schlittschuh laufen, Fahrrad oder Auto fahren lernen. Lernen heißt Üben, heißt Abläufe bis ins Unbewusste zu verinnerlichen. So stehe ich in unregelmäßigen Abständen immer wieder am Tisch und überlege, wie ich die Bälle versenke, träume davon, „eigentlich" mehrmals die Woche am Tisch zustehen und mein Lerntempo dadurch zu beschleunigen, träume davon, richtige Spiele am Tisch zu spielen. Doch zuvor ist die Technik gefragt, der Ablauf des Stoßes, Wirkung und Lauf des Stoßes zum Ball und so vieles andere mehr.

Als Beraterin, Coach und Trainerin bin ich ständig gefordert, kreative Lösungsansätze und Handlungsideen schnell parat zu haben. Zusätzlich bedarf es ermunternder Worte und Sätze, damit der Ratsuchende / Klient / Coachee weiter macht oder sich überhaupt traut, etwas zu tun.

Interessanterweise spiegelte mein Snooker-Trainer mir genau diese Coaching-Situationen. Die Sätze, die er mir zur Ermunterung und Ermutigung sagte, habe ich alle auch in meinem Repertoire. Ich war verblüfft, was war das? Sollte ein Snooker-Trainer die gleichen Skills haben wie ein Business-Coach? Anscheinend ja, wenn ich das nachfolgende Ereignis betrachte. Was meinen Sie?

Eines Tages in der Snooker-Hall: ich verschoss jeden vorhandenen Ball. Keiner ließ sich versenken. Plötzlich meinte mein Trainer, ich solle das Queue auf den Tisch legen und den Tisch verlassen. Ich war etwas verdutzt, folgte jedoch brav. Er bat mich, kurz zu warten, enteilte und kam mit meinem Glas Wasser von der Bar zurück. Er hielt es mir hin und forderte mich auf zu trinken. Auch das machte ich, ließ das kühle Wasser die Kehle hinunter rinnen. Dann nahm er das Glas und stellte es weg. Er forderte mich auf, mich zu konzentrieren, meine Vorbereitungen zu machen, an den Tisch zu gehen, einschwingen und „Stoß." Der Ball verschwand sofort in der Tasche.

Was war geschehen? Zum einen wurde meine Aufmerksamkeit auf ein anderes Ziel gerichtet, hier: weg vom Tisch und trinken. Es bewirkte die klare Unterbrechung der bisherigen Handlung, nämlich das fehlende Einlochen der Kugeln, der Erfahrung des Versagens, des Gefühls des Nicht-Können, das Beenden der Fehler. Loslassen! Körper und Geist konnten sich entspannen. Danach war das Fokussieren auf den zu lochenden Ball möglich. Zielen, Stoßen, Versenken. Geschafft!

Gehen wir noch einmal zum Tennis. Wenn Boris Becker anfing, seine Bälle zu verschießen, dann wechselte er in der nächsten Pause garantiert sein Hemd oder seinen Schläger. Da machte er nichts anderes, er lenkte seine Aufmerksamkeit auf eine andere Tätigkeit, fokussierte sich neu und – voilà – schon lief es wieder.

Eine wesentliche Erfahrung während des Lernens war, weiter zu machen, nicht aufzugeben, durchzuhalten.

Ich konnte die folgenden Eigenschaften bei mir stärken, und das, im wahrsten Sinne des Wortes, spielend:

- Durchhaltevermögen
- Ausdauer
- Konsequenz
- Geduld
- Konzentration

Und hier kommt wieder die Demut ins Spiel. Es klappt nicht alles auf Anhieb, Übung macht den Meister, in jedem Miss-Erfolg steckt ein Erfolg, sind die Sprüche des Tages. Wir brauchen wieder ein bisschen Demut. Vieles entzieht sich unserer Kontrolle, wir sind nicht Herr jeder Lage und immer Meister der Dinge. Demut hilft und gibt Mut, weiter zu machen. Demut gibt Ruhe und unterstützt so, eine neue Sicht auf die Dinge zu bekommen. Demut lässt zu, mit Fleiß etwas zu erreichen. Begegnen wir also am besten jedem Lernerlebnis mit der entsprechenden Demut und Aufmerksamkeit. Wut und Zorn nützen nichts, sie lassen uns das Augenmaß verlieren und verhindern so unseren Blick auf das Wesentliche. Freude über das Erreichte sowie Konsequenz und Durchhaltevermögen vertiefen Erlerntes.

P.J. Nolan, ein irischer Snooker-Coach und Trainer schreibt in einem seiner Bücher , frei von mir überetzt:

Es gibt 8 grundlegende Ziele beim Erlernen des Spieles:

1. Analysieren… Richtige Körperhaltung?
   Mentale Einstellung positiv?
2. Lernen… durch Beobachtung (anderer Spieler)
3. Auswerten… des eigenen Spieles, der gemachten Fehler
4. Menschen… Spieler, Coach, Manager sind alle gleich wichtig für Profis
5. Üben… Routine entwickeln
6. Geduld… mit sich selbst am Tisch und außerhalb des Tisches
7. Zeitmanagement… Zeit nicht vergeuden sondern „Eigentlich…" beachten
8. Spaß haben, genießen, Anerkennen der eigenen Fortschritte… auch wenn man allein spielt und übt

Erstaunlicherweise gelten diese Grundregeln für alles, in dem man etwas Erreichen möchte z.B. Auto fahren oder Klavier spielen oder oder oder.

Aktuelles: Und wieder holt mich die Aktualität der Ereignisse ein. Snooker wurde ein wenig langatmig in den letzten Jahren – beim Zuschauen. 35 Sätze sind eine lange Zeit für Zuschauer und Spieler. Seit 2010 weht ein ganz neuer Wind durch die Snooker-Hallen und Turniere. Es gibt neue Turnierformen wie PTC und EPTC. Es gibt Turniere, die das Sommerloch ein bisschen auffüllen (sollen), und seit Neuestem gibt es Power-Snooker. Plötzlich sind die ach so ernsten Spieler wieder schnell und voll Begeisterung, das Publikum geht mit und ist nicht so scheu und verhuscht und reserviert, Anfeuerungsrufe hallen durch den Saal und als es einmal zu ruhig wird, feuert Shaun Murphy das Publikum wieder an. Die Spiele dauern nur noch wenige Sätze, so 5 – 7. Ein neues Zeitalter im Snooker bricht an, Altes wird losgelassen.

Sie sehen, alles wiederholt sich und alles ist neu. Es bleibt spannend. Wie las ich kürzlich in einem Forum: „Kreativität ist die Kunst, Bekanntes als Neues erscheinen zu lassen."

Noch ein Wort zum Lernen. Demnächst werde ich hier etwas zum Thema Lernen schreiben. Zusammen mit anderen denke ich nach über altes, lieb gewonnenes und überlege, was es Neues gibt zum Thema und was wir alle nützlich finden in welchem Zusammenhang. Ganz sicher greife ich auf das ein oder andere Geschriebene hier zurück.

Sag beim Abschied leise Servus ...

Stare bereit zur Abreise

„Einen richtigen Abschied erkennt man daran, dass er nicht mehr weh tut".

Hans Noll (*1954), dt. Schriftsteller u. Grafiker

Im Sommer 2008 beschlossen Peter und ich, einen Newsletter über Abschied und Sterben zu verfassen. Bei diesem gemeinsamen Vorsatz ist es geblieben. Peter verstarb im September 2009 im Hospiz.

Für mich war es eine vollkommen neue Erfahrung, einen Freund bis zu seinem Ende zu begleiten und immer wieder mit ihm darüber zu sprechen.

So überlegten wir eines Tages, wer denn bestimmt, ob jemand diese Welt verlässt. Unser Ergebnis war, derjenige, der gehen will, bestimmt die Zeit. Hat er noch etwas oder vieles zu erledigen, dann zieht sich der Zeitpunkt hinaus. So wie alles seine Zeit hat, hat auch der Tod seine Zeit.

Viele Gedanken gingen ihm durch den Kopf, die Sorge um seine Familie, für die er sich immer verantwortlich fühlte, Sorge um Freunde, Sorge um Bekannte, die seine Hilfe benötigten. Doch immer vergaß er die Sorge um sich. Unermüdlich machte ich ihn darauf aufmerksam. Bis er eines Tages sagte: „Engelchen, Du hast so recht und ich meine immer, die anderen sind wichtig. Ich habe noch so viel zu erledigen." Doch da wurde die Zeit schon knapp. Es war Mai 2009.

In dieser Zeit erzählte mir eine Freundin, dass es im Volksmund heißt: „Engel begleiten eine Seele in die andere Welt." Und ergänzend: „Du bist jemandes Engel, und dann ist es Deine Aufgabe, darauf zu achten, dass die Seele den Weg nach Hause findet und sie zu leiten." Eine riesige Verantwortung dachte ich. Doch ich konnte sie einigermaßen leicht tragen.

Markus, ein langjähriger Freund von Peter, und ich, trafen uns in seinen letzten Wochen im Krankenhaus vor seiner Zimmertür. Ab da achteten wir aufeinander und gemeinsam auf Peter. Im Hospiz achtete das Personal auf uns und darauf, dass wir unsere Kräfte einteilten.

Immer wieder fällt mir eine Liedzeile von Trude Herr ein: „Niemals geht man so ganz, irgendwas von mir bleibt hier." Aus dieser Zeit mit Peter habe ich gelernt, wie wichtig es ist, im Hier und Jetzt zu leben. Wie wichtig es ist, gut für sich selbst zu sorgen. Wie wichtig es ist, seinen letzten Weg bewusst zu gehen, vielleicht sogar zu bestimmen, wie meine letzten Tage aussehen (s. Patientenverfügung, Vorsorgevollmacht, Beisetzung, letzte Ruhestätte, Organspendeausweis).

Ein Stück von ihm ist immer noch hier. Seine Freude am Genuss, seine Freude über gute Gespräche, seine Fürsorge, sein Lachen. Doch genauso seine Grantelei, wenn ihm - mal wieder - etwas gegen den Strich oder sein Verständnis der Welt ging, wenn er Handlungsweisen von Menschen nicht nachvollziehen konnte oder sie gar schlecht oder schlimm fand. Ein Stück von ihm ist immer noch hier.

Ebenso habe ich in dieser Zeit gelernt, wie wichtig es ist, in diesen letzten Abschied mit aller Bewusstheit zu gehen. Und nicht nur diesen allerletzten Weg, dem Tod, sondern jeden Weg, der zu einem Abschied führt.

So auch die Trennung von

- Menschen (z.B. Ehe/Partnerschaft),
- einem Job oder einer Arbeit,
- einem Wohnort und den Nachbarn,
- Haus und Garten,
- etwas eigenem, selbst geschaffenen, z.B. Haus, Unternehmen, Stiftung o. ä.,
- einem Stück Körper durch eine Operation
- körperlicher Bewegungsfähigkeit z.B. an Krücken gehen oder im Rollstuhl sitzen

Ein Abschied braucht Bewusstheit. Ein Abschied braucht die Reflexion, das Nachdenken über das, was geschehen ist. Es bedarf der Würdigung aller Ereignisse, die gemeinsam erlebt wurden.

Vor ein paar Tagen hörte ich das Buch von Fran Drescher (Die Nanny – Miss Fine) „Cancer – Schmancer" (Bitte fragen Sie mich nicht, was Schmancer bedeutet, es ist wohl ein Wortpiel). Sie beschreibt dort ihren Kampf, dass endlich ein Arzt ihre Symptome ernst nimmt und sie gerade noch rechtzeitig operiert wird, bevor die harten Behandlungsmethoden wie Bestrahlung, Chemotherapie etc. beginnen.

Unter anderem erzählt sie, dass zwischen der Diagnose und der Operation nur eine knappe Woche lag und somit keine Zeit für sie war, sich mit dem Thema auseinander zu setzen, insbesondere: was die Entfernung der weiblichen Fortpflanzungsorgane für sie und ihr Leben bedeutet. Das alles kam erst später, äußerte sich in Müdigkeit, Lustlosigkeit, Erschöpfung, fehlender Lebensfreude, Tränen, Nachtrauern von verpassten Chancen.

Ähnliches höre ich auch von Klienten bei Trennungen, Scheidungen. Solange alles seinen Gang geht, wird funktioniert. Erst im Nachhinein erfolgt die Verarbeitung.

Vieles wäre einfacher und leichter, gingen wir mit Bewusstheit an das Thema heran. Nur wenige Ereignisse kommen plötzlich, von einer Stunde auf die nächste. Die allermeisten Ereignisse werfen ihre Schatten voraus, so dass wir bewusst daran heran gehen können. Überlegen können, was wäre wenn … Unser Kopfkino ein bisschen strapazieren, wie das Ergebnis aussehen könnte und daraus einen Weg dorthin ableiten.

In unserer Gesellschaft ist Trauer ein Tabu-Thema. (s. a. Pütz-Roth: Trauer braucht eine Heimat). Wenn ein Mensch um einen anderen Menschen trauert, sollte er möglichst nach kurzer Zeit fertig sein damit und zur Tagesordnung übergehen. Vielen ist es peinlich, jemanden trauern und sogar weinen zu sehen. Bloß zurück zum Standard. Doch was ist der Standard?

Wir haben jeglichen Bezug und jegliches Maß für Normalität verloren. Normal ist: Der Tod gehört zum Leben. Mit unserer Geburt haben wir den Tod gleich mit „gekauft". Da gibt es keine Wahlmöglichkeit wie bei einem neuen Auto: bitte ohne Waschanlage für die Scheinwerfer oder so. Nein.

Der Tod gehört zum Leben. Abschied gehört zum Leben. Veränderung gehört zum Leben.

Ja, ich höre wieder die Stimmen, die sagen: „Veränderung, wie erschreckend, wie verwirrend, wie entsetzlich." Und ganz weit hinten höre ich ein paar wenige Stimmen, die rufen: „Veränderung, wie spannend, es bewegt sich was."

So verschieden sind die Menschen. Es ist so wichtig, Veränderung im Leben zuzulassen, zu sehen, was sich alles Schönes und Gutes daraus entwickelt, statt angstvoll zu reagieren und alles beim Alten lassen zu wollen.

Das Leben ist Veränderung, es ist wie ein Zug, in den wir bei unserer Geburt einsteigen. Unterwegs steigen Leute ein, kommen ins Abteil oder nur in einem anderen Wagen. Andere steigen aus. Wir selbst bleiben in dem Zug und fahren weiter durchs Leben bis zur Endstation. Und so bewirkt jeder Abschied eine Veränderung, denn etwas verlässt unser Leben. Und wenn wir noch einmal Trude Herr heranziehen: „Nie verlässt man sich ganz, irgendwas von dir geht mit, es hat seinen Platz immer bei mir." Wir tragen immer ein Stück dessen, was wir gesehen, erlebt, erfahren, geschmeckt, gerochen, gefühlt, gespürt haben, mit uns mit.

In Familienunternehmen, die - gleich aus welchem Grund - vor dem Verkauf oder gar Schließung stehen, herrscht große Trauer, sind große Schwierigkeiten los zu lassen. Soviel an eigenen Gedanken, Ideen, Kraft, Geld, Erinnerungen, Lebenszeit steckt darin. Es schmerzt, dieser Abschied.

Der Abschied vom Partner schmerzt, es gab lange gemeinsame Zeiten, gute wie schlechte. Alles gehört dazu.

Eine Frau wurde zur Schmerzpatientin, schleichend. Sie konnte kaum noch laufen, irgendwann saß sie im Rollstuhl. Sie trauerte ihrem früheren Leben nach. Dann entschloss sie sich, eine Wand mit unterschiedlichsten Erinnerungsstücken zu gestalten. Im Laufe der Zeit beschäftigte sie sich mit jedem Stück, erinnerte sich, ließ los und verabschiedete sich davon. So z.B. auch von einem Paar High-Heels. Sie hatte sie lange aufgehoben, doch irgendwann kam der Zeitpunkt, an dem sie sich auch von diesen geliebten Schuhen verabschiedete und damit von einem Lebensabschnitt. Sie schaffte so Platz in ihrem gegenwärtigen Leben, um Neues herein zu lassen, Neues erkennen zu können, Neues zuzulassen.

Abschied ist für jeden etwas anderes und doch für alle das Gleiche. Abschied gehört zum Leben und sorgt für Wachstum. So wie die Frucht vom Baum fällt und zur Erde wird. Die Kerne sind im Boden, und bringen als Samen neues Leben hervor.

Ich verabschiede mich an dieser Stelle von Ihnen in der Gewissheit, Sie bald an genau dieser Stelle wieder zu treffen. Und gute Erkenntnisse für Ihren Alltag.

„...Niemals geht man so ganz,
irgendwas von mir bleibt hier,
es hat seinen Platz immer bei dir.

Nie verläßt man sich ganz,
irgendwas von dir geht mit,
es hat seinen Platz immer bei mir.“

Trude Herr

Lernen ein Leben lang

„Non scholae sed vitae discimus"

Das heißt: Nicht für die Schule für das Leben lernen wir.

Vor einiger Zeit stand in meinem Kalender: „Du bist auf der Erde um zu lernen."

Fast klingt es wie eine Drohung, immer lernen, nie ruhen, nie rasten, immer weiter, immer weiter, keine Pause. Doch das ist ziemlich sicher nicht damit gemeint. Es ist eher eine Einladung. Will sagen, jeder Moment des Lebens kann ein Moment zum Lernen und Behalten sein.

Als Trainerin und Coach stehe ich täglich aufs Neue vor der Herausforderung, Inhalte passend für den Einzelnen oder eine Gruppe aufzubereiten und darzubieten. Das bedeutet nicht nur, Wissen zu vermitteln, sondern auch selbst zu lernen. Nur was ich selbst verstanden habe, gebe ich gut weiter. Und: Nicht zu vergessen, die Inhalte so zu vermitteln, dass sie umsetzbar sind im Alltag. Getreu meinem Motto: „Nur das TUN zählt."

Konfuzius sagte vor langer Zeit:

> „Sage es mir, und ich vergesse es.
>
> Zeige es mir, und ich erinnere mich.
>
> Lass es mich tun, und ich behalte es."

Viele Studien in den 1990er Jahren und früher unterstützten diese Aussage. Stefan Aufenanger[3] kommentiert eine Studie der Uni Siegen, durchgeführt im Juni 2000 zur Informationsaufnahme des Menschen bei Lernprozessen in Prozent der Ausgangsinformation folgendermaßen: "Die oft zitierte Vorstellung - meist noch grafisch aufbereitet, dass man beim Lesen nur 10 Prozent behält, beim Hören 20 Prozent, beim Sehen 30 Prozent, beim Hören und Sehen 50 Prozent und beim Tun 90 Prozent, ist eine naive Annahme und in dieser einfachen Kumulation durch keine seriöse wissenschaftliche Untersuchung gestützt. Denn viele Faktoren spielen beim Lernen mit neuen Medien eine Rolle, so dass eine Reduzierung auf eine solche einfache Lerntheorie der Wirklichkeit des Lernens nicht gerecht wird."*

Neuere Ansätze beschreiben vier unterschiedliche Lerntypen, an denen diese Art der Kategorisierung fließend vorbei geht:

1. visuell
2. auditiv
3. kinästhetisch
4. auditiv-digital

Lust am Lernen, Neugierde aufs Thema, positive Emotionen, Über-/Unterforderung, Bewegung sind ebenfalls gewichtige Faktoren.

---

[3]http://www.tu-dresden.de/sulifg/dag/fumedien/multimedia.html

Randy Pausch (Professor, gest. 2008) war der Überzeugung, dass wir nur mit Spaß wirklich erfolgreich erlernen. Allerdings sagte er auch, es bedarf eines ehrlichen, soliden und ernst gemeinten Feedbacks, das dem Adressaten signalisiert, hier interessiert sich jemand für Dich, auch wenn er gerade nicht lächelt. Aber er traut mir etwas zu.

1.1 Wozu lernen wir?

Darauf gibt es unendlich viele Antworten, wie z.B. aus Prinzip, sich weiter zu entwickeln, Fortschritte und/oder Karriere zu machen, sich besser bewegen zu können, die Gesundheit zu verbessern, zu glänzen vor anderen, die Hirnzellen aktiv zu halten, die eigene Neugierde zu befriedigen …

Lernen um des Lernens Willen. Aber dann mit Freude, mit Spaß, mit Leichtigkeit, mit Feedback, mit Ermutigung durch sich selbst oder andere. Die meisten Menschen lernen, sich zu entwickeln, sozial wie beruflich, unabhängig zu sein, am Puls der Zeit zu bleiben.

Tatsächlich sagt die Forschung: ohne Lernen kein Erfolg. Und weiter: je neugieriger wir sind, desto besser behalten wir. Neugierde bedeutet immer erhöhtes Interesse an einer Sache.

1.2 Stand meiner Forschungen

Das Thema Lernen machte mich neugierig. So suchte ich in allen Medien, was es Aktuelles darüber gibt. Zusammenfassend stelle ich fest, dass sich zum einen die Erkenntnis zu Lerntypen durchsetzt, und zum anderen zeigen sich Methoden wie Superlearning und Powerreading etc. Ebenso darf die Psyche auf keinen Fall vernachlässigt werden. Eine elementare Erkenntnis hatte ich insofern, dass das Lernen heutzutage als sehr individueller Vorgang bzw. Prozess betrachtet wird und keinerlei Verallgemeinerung mehr unterliegt, wie viele alte Sprichwörter vermuten lassen.

In der einschlägigen Literatur findet sich immer wieder der Spaß im Zusammenhang mit Lernen. Mit Spaßgesellschaft hat das nichts zu tun, sondern mit der schlichten Freude am Neuen, am Entdecken eines bisher unbekannten Terrains. Daraus lässt sich unschwer ableiten, dass Lernen mit Angst oder Druck keine guten Resultate bringt. Und nur wer lernt, ist erfolgreich.

Ein guter Bekannter sagte letztens zu mir: „Ich habe mir zur Aufgabe gemacht, jedes Jahr etwas Neues zu lernen. Das muss etwas sein, was weder mit meinem Beruf noch mit meinen bisherigen Interessen zu tun hat. So bleibe ich rege, neugierig und interessiert." Er ließ mich nachdenklich zurück. Dann begriff ich: das mache ich schon mein Leben lang, habe nur nie darüber nachgedacht.

Sie grübeln gerade, was man da so alles machen könnte. Hier ein paar Anregungen aus meiner Erfahrung:

- Comic zeichnen
- Stimme ausbilden durch eine Opernsängerin
- Klavier lernen
- Snooker spielen
- Qigong
- Schreiben für die Zeitung

Ab hier ist Ihre Kreativität gefragt. Was fällt Ihnen noch ein? Was wollten Sie schon immer mal ausprobieren? Es geht nicht darum, in der Sache Meister zu werden, Schüler bleiben kann auch ganz befriedigend sein.

Schauen wir die Lerntypen etwas genauer an:

- visuell, nimmt über Augen wahr und kann gut innere Bilder sehen
- auditiv, nimmt über die Ohren wahr; wenn er einmal etwas visualisiert, dann hört er eher die Kommentare seines Umfeldes, wenn er das Visualisierte erreicht hat.
- kinästhetisch, nimmt über Fühlen und Bewegen wahr; beim Visualisieren erspürt er eher das Gefühl beim Erreichen des Zieles.

- auditiv-digital, ein streng logischer Mensch. Beim Visualisieren sieht er meist gar nichts und tut sich schwer in Entspannungen

Es gibt kaum einen Menschen, der nur einem dieser vier Lerntypen zugeordnet werden kann. Die meisten sind Mischtypen mit Schwerpunkt auf einem der oben beschriebenen Typen.

Weitere Info: www.toposonline.at/html-texte/wahrtyp.htm

Sie möchten wissen, welcher Typ Sie sind? Hier ist ein Link:www.hpz.com/sinneskanal.pdf Hans-Peter Zimmermann sagt, der Test sei zu 80 % verlässlich.

1.2.1 Bewegung

Sie wundern sich gerade, was Bewegung mit Lernen zu tun hat? Auch für mich eine interessante Information. Bewegung sorgt für die Bildung von mehr Nervenzellen. Das heißt, Sie walken gerne und setzen sich die Kopfhörer Ihres Players auf, und alles, was Sie beim Laufen hören, bleibt besser hängen. Ist das nicht ein faszinierender Gedanke, zwei Fliegen mit einer Klappe schlagen?

1.2.2 Aufmerksamkeit, Konzentration und Fokussierung

Verteilen Sie nicht Ihre Aufmerksamkeit. Es heißt immer so schön, Frauen sind Multitasking-fähig, soll heißen: Frauen wären in der Lage, mehrere Dinge gleichzeitig erfolgreich durchzuführen. Dieser Mythos wurde in zahlreichen jüngeren Studien widerlegt, die Männer dürfen aufatmen. Doch was hat Multitasking mit Lernerfolg zu tun? Je stärker Sie sich auf eine Sache fokussieren, desto größer der Effekt.

Einfaches Beispiel: Sie telefonieren und beantworten gleichzeitig eine Mail. Beide Empfänger merken, dass Sie während der Beantwortung nicht bei der Sache waren. Unser Gehirn merkt das auch. Sie essen und lesen Zeitung oder schauen Fernsehen, tja, der Magen registriert nicht, dass er Nahrung bekommt. Ergebnis: Sie sind nicht satt. Und so ist es mit Lernen: wenn Sie nur mit geteilter Aufmerksamkeit eine Sache erlernen, fehlt Ihnen ein großer Teil. Also Lernen nur mit ungeteilter Aufmerksamkeit und Konzentration.

1.2.3 Balance halten

Achten Sie darauf, dass Sie nicht unter negativen Stress geraten. Sie benötigen ein Gleichgewicht zwischen den Anforderungen und Ihren eigenen Möglichkeiten, auch genannt. Positiver Stress hinterlässt „Spuren” im Gehirn, so genannte Merkspuren. Sie haben zwar unter Zeitdruck, aber gleichzeitig mit viel Freude, am Thema etwas gemacht.

Ich kenne das vom Snooker spielen. Ich kann mich lange an einem Ball verweilen um zu trainieren, in welchem Winkel ich den weißen Ball auf den zu spielenden Ball schießen muss, damit er in einem Loch verschwindet. Mein Gehirn merkt sich das. Wenn ich aber über längere Zeit nicht die richtige Technik herausfinde, frustriere ich mich langsam aber sicher.

Jetzt entsteht negativer Stress. Meinen Nervenzellen mangelt es an Energie, sie sind unterversorgt. Dadurch wird meine Hirnregion für die Merkfähigkeit und Lernen gestört, bei Dauerstress sogar geschädigt. Diese Hirnregion wird als Hippocampus bezeichnet, ein Sensibelchen. Pausen zur Entspannung sind wichtig, wieder Motivation aufzubauen.

1.2.4 Emotionen

Kennen Sie das? Sie sind mit etwas beschäftigt, es macht Spaß, Sie sind im Fluss, Sie schwingen regelrecht mit, sind im Einklang mit sich selbst, der Welt und der Anforderung, die Sie gerade bewältigen. Spitzer beschreibt diesen Zustand als „inneres Beteiligtsein". So werden Lernerfolge aktiviert, das Glücks- bzw. Belohnungssystem (Dopaminsystem) wird wach und wirft unseren Lernturbo an. Mihaly Csikszentmihalyi spricht von „Flow".

1.2.5 Motivation

Jetzt sagen alle, das ist doch das Wichtigste, meine Motivation. Nicht nur, wie Sie im Text bereits gesehen haben. Um motiviert zu sein, frage ich mich, ist das sinnvoll, was ich da gerade tue? Bleibe ich bei meinem geliebten Snooker, dann sage ich, ja, denn ich will besser werden, will mehrere Bälle nacheinander lochen, am Tisch bleiben. Es hilft mir, meine Ausdauer, meine Konzentration, mein Durchhaltevermögen, meine Geduld zu verbessern. (s.a.

Snooker oder die neue Form von Demut) Da ich immer wieder meine eigenen Erfolge sehe und wertschätze, bleibe ich motiviert.

Zusammengefasst lässt sich sagen, durch die Kombination aus Balance halten, Emotionen und Selbstmotivation werden körpereigene Opiate durch das Dopaminsystem freigesetzt. Das Belohnungssystem arbeitet auf Hochtouren, und in uns reift die begeisterte Erkenntnis: „Wieder eine Hürde genommen.

Um diesen Lernerfolg zu verfestigen und zu halten, bedarf es nur einer Aktion: „Üben, üben, üben!" Jetzt wissen Sie, wozu ich so oft und lange immer denselben Ball spiele. Die Wiederholung verfestigt das Wissen im Gehirn und im Unterbewusstsein, so dass es später ohne Nachdenken abrufbar ist.

Ich fasse noch einmal zusammen, was das im Alltag bedeutet:

- Setzen Sie ganz bewusst alle Ihre Sinne ein. Hören Sie, wie die Vögel singen und erkennen Sie, welche es sind. Lauschen Sie dem Wind in den Blättern. Schauen Sie den Wolken nach, beobachten Sie, wie sie sich verändern, niemals gleich bleiben. Fühlen Sie, spüren Sie. Seien Sie dabei kreativ.

- Machen Sie Ungewohntes: schreiben Sie im Stehen an Ihrem Schreibtisch, vertauschen Sie beim Essen Messer und Gabel, wechseln Sie die Computermaus von Rechtshänder auf Linkshänder oder umgekehrt. Stellen Sie Ihren Papierkorb an eine andere Stelle. Schon wieder ist Ihre Kreativität gefragt.

- Bleiben Sie neugierig. Entdecken Sie immer wieder Neues in den eigenen vier Wänden, draußen beim Spaziergang, im Gespräch mit den Nachbarn. Bleiben Sie wach und aufmerksam. Wenn etwas Ihr besonderes Interesse geweckt hat, holen Sie sich Informationen dazu aus Büchern oder dem Internet oder von Menschen, die sich damit auskennen.

- Trainieren Sie bewusst Ihr Gedächtnis. Sagen Sie voraus, wie eine Ausfahrt heißt auf der Autobahn, wenn Sie zur Arbeit fahren. Lernen Sie Ihren Einkaufszettel auswendig und lassen Sie ihn bewusst zu Hause liegen.

- Gehen / fahren Sie neue Wege s.a. Kapitel Neue Wege

Sie sagen, Ihnen reicht es jetzt mit dem Lernen. Das verstehe ich nur zu gut. Während meiner Recherchen hatte ich gelegentlich gewaltige „Hänger", wollte nicht mehr Lernen. Und es ging auch nichts mehr. Es machte mir keine Laune, und der Stoff wurde in einem Format angeboten, das mir nicht entgegen kam. Lerntypmäßig: Ich muss etwas sehen und hören, manchmal auch spüren, dann bleibt es gut hängen. Bilder sind gut für meine Merkfähigkeit. Wenn das alles nicht gegeben war, habe ich keine Fortschritte bei meinen Recherchen gemacht.

1.3 Die Interviews

Diesen Newsletter hatte ich schon länger geplant und dafür sogar einige Menschen um mich herum gebeten, einen Fragebogen zum Thema Lernen auszufüllen. Folgende Fragen waren mir wichtig:

- Wozu lernen wir?
- Welche persönliche(n) Motivation(en) haben Sie um zu lernen?
- Wann lernen Sie am liebsten?
- Wie lernen Sie am liebsten?
- Wie und wann lernen Sie am leichtesten?
- Wann macht es gar keinen Spaß zu lernen?
- Kennen Sie das Aha-Erlebnis beim Lernen? Was bewirkt es bei Ihnen?
- Lust am Lernen oder Lern-Begeisterung - gibt es das?
- Lehrer und Trainer sprechen von Lerntypen? Kennen Sie diese? Welcher Typ sind sie?
- Unsere Informationsgesellschaft verdammt uns dazu, ein Leben lang zu lernen. Was löst diese Aussage bei Ihnen aus?

Ich habe sehr unterschiedliche Antworten erhalten, so unterschiedlich, wie die Menschen eben sind.

NB: Wenn Sie gerade Lust haben, beantworten Sie doch einmal die Fragen. Wenn Sie mögen, senden Sie mir Ihre Ergebnisse zu. Die Antworten werden von mir als Aussage genutzt, nicht in personalisierter Form.

Eine Auswertung der Interviews folgt.

Gesundheit und Ausschließlichkeit – Plädoyer für eine ganzheitliche Medizin

Dieses Mal gibt es einen kurzen Newsletter dazwischen. Die Auswertungen der Interviews zum Thema Lernen sind versprochen und nicht vergessen. Aufgeschoben ist nicht aufgehoben.

In letzter Zeit springt mich ein anderes Thema immer häufiger und heftiger an, Gesundheit und Therapie im Spannungsfeld zwischen östlicher und westlicher Kultur, zwischen klassisch und alternativ, zwischen Natur und Pharmaindustrie, zwischen Wunderheilung und Austherapiertsein, zwischen Vertrauen und Unwissen.

Achtung, dieses Mal denke ich nur laut nach und ich will mich aufregen. Wieder einmal ärgern und wundern über die Ausschließlichkeit, mit der wir etwas bewerten, für „gut befinden" oder verdammen. Die genannten Wortpaare, manchmal Gegenpole, manchmal nur im gleichen Zusammenhang, weisen auf die scheinbare Widersprüchlichkeit der Themen hin.

In den 1990er Jahren hatte der Spiegel diverse Fortsetzungsreihen zur Zukunft der Menschheit. Hier wurde das neue Zeitalter definiert: die Informationsgesellschaft. Das Internet macht uns schlauer und schlauer, und vielleicht dümmer und dümmer.

In einer dieser Reihen wurde auch die östliche, oder genauer die chinesische, Medizin und die westliche Medizin diskutiert. Ich erinnere noch einen Inhaltsteil sehr konkret: Ein chinesischer Mediziner sagte, er sei extra in den Westen gegangen, dort Medizin zu studieren, das Wissen mit nach Hause zu nehmen und dort mit der chinesischen Medizin zu verbinden, das Neue zu integrieren, alte Zöpfe abzuschneiden und von beidem das Gute zu einer Synthese zu bringen. Er könne die Menschen im Westen nicht verstehen, dass sie ihr eigenes Wissen und Können wegwerfen würden, um es z.B. mit TCM (traditionelle chinesische Medizin) zu ersetzen.

Weiter meinte er: Sehr vieles in der TCM sei für Menschen aus dem Westen nicht nachvollziehbar. Chinesische Kinder nehmen das sozusagen mit der Muttermilch auf. Dazu gehören bestimmte Verhaltensweisen, Lebenshaltung, Umwelt, Gesellschaft und eine Mentalität, die nur aus dieser Kultur heraus entsteht. Aus diesem Umfeld heraus ist auch die TCM entstanden. Und umgekehrt sei es genauso mit der westlichen Medizin.

Was ist mit uns hier im Westen los, dass wir das, was wir haben nicht schätzen können? Wieso müssen wir ständig hinter irgendwelchen neuen Dingen her laufen, nur weil jemand den Anschein erweckt, nur, wer seinen Lehren folgt, hat es gut. Was treibt uns an? Welche Sau muss noch durchs Dorf getrieben werden, damit wir aufwachen und uns unsere eigene Meinung bilden. Wann lernen wir endlich, auf unseren Körper zu hören, uns qualifiziert zu informieren und dann zu unserem Wohl zu handeln - anstatt dem nächsten Modetrend hinterher zu hecheln?

Auch Informationen finden und bewerten will gelernt sein. Das meiste, was im Internet zu finden ist, hält nicht der geringsten Prüfung stand, vor allem nicht dem gesunden Menschenverstand. Also was tun?

Nun, das einzige, was hilft, ist lernen und verstehen. Den gesunden Menschenverstand einschalten, nachdenken über das Gefundene: wie passt das in die bestehende Realität? Und dann, was tut mir gut? Brauche ich tatsächlich noch einen Wirkstoff zum Einnehmen oder hilft mir auch Bewegung oder Gespräche oder einfach nur ein Wellnesstag nach eigenen Regeln, um meinem Körper Luft zum Atmen und Leben zu geben?

Wir haben den Bezug zu uns selbst verloren, sehen uns zumeist als ein Bündel von Symptomen, die einzeln kuriert sein wollen oder sollen. Und, wir haben vergessen, dass wir eine Ganzheit sind, dass es nicht hilft, eine Diagnose zu haben und die damit benannte Krankheit zu behandeln. Wenn wir eine Erkältung haben, ist es sehr erleichternd, ein Nasenspray für freie Atemwege zu haben und eine Aspirin gegen Kopfweh, und etwas, dass den Husten lindert. Doch der Körper braucht mehr, als die reinen Medikamente: er lechzt nach Ruhe und das Immunsystem schreit nach Unterstützung, um die Keime abzuwehren. Das bieten weder Nasenspray noch Kopfwehtablette oder Hustensaft. Einzig und allein, ein paar Tage Ruhe im Bett, viel Trinken, um den Kreislauf zu unterstützen und eventuell anzukurbeln und leichte, vitaminreiche Kost helfen uns tatsächlich auf die Beine. Das ist ein ganzheitlicher Ansatz, eins sein mit sich selbst und der Natur. Unsere Großeltern wussten das noch, irgendwann unterwegs haben wir dieses Wissen verloren.

Ich plädiere dafür, erst nachzudenken, erst zu schauen, was tut mir gut, und dann Maßnahmen ergreifen. Treten Sie Ihrem Therapeuten als mündiger und qualifiziert informierter Mensch gegenüber. Stellen Sie Fragen, wenn Sie etwas nicht verstehen. Nehmen Sie sich im Zweifelsfall Bedenkzeit, bevor Sie eine (vorgeschlagene) Behandlung akzeptieren. Wenn etwas nicht so abläuft während der Behandlung, fragen sie nach.Dazu ist ihr Arzt da, er begleitet sie. Und es ist seine Aufgabe, ihre Fragen und Sorgen ernst zunehmen.

Sie wenden zu Recht ein, was ist bei einem Unfall, bei einem lebensbedrohlichen Vorfall? Machen Sie es wie die Chinesen: Vertrauen Sie auf die Fähigkeiten der Therapeuten aus dem Kulturkreis, in dem Sie aufgewachsen sind.

Denn eines hat Hippokrates schon gesagt: Nicht der Arzt heilt, sondern die Natur. Der Arzt kann nur ihr getreuer Helfer und Diener sein. Der Arzt wird von der Natur, niemals aber wird die Natur vom Arzt lernen.

Und das gilt für alle Formen von Heil- und Behandlungsmethoden. Alle sind nur so gut wie das Verhältnis und die Beziehung zwischen Behandelndem und Behandeltem. Diese Beziehung basiert auf Vertrauen, ohne Vertrauen kein Heilerfolg. Sollten Sie sich entscheiden, Medikamente oder sonstige verordnete Therapien, Heilmittel usw. nicht zu nehmen, sprechen Sie mit dem Behandelnden darüber.

Oft erzählen mir Menschen in meinem Umfeld, sie behandeln sich selbst, kaufen sich ihre Medikamente selbst, sie wüssten am besten, was ihren gut tut. Da frage ich mich dann staunend, was haben die alle studiert ... Schnitt!

Ein winziges bisschen scheint sich schon zu ändern in unserer Medizingesellschaft: Es findet eine Individualisierung der Behandlung statt, weg vom Massenbetrieb. Der Mensch als einzigartiges Wesen wird auch für die Medikation (an)erkannt. Es gibt erste Forschungsergebnisse resp. Erkenntnisse zum Nutzen von Medikamenten. Ein Resultat ist, das Männer und Frauen unterschiedliche Medikamente und Verordnungen benötigen, und man weiß, dass Menschen mit weißer Hautfarbe andere Medikamente brauchen als Menschen mit anderer Hautfarbe.

Sicherlich stehen wir erst ganz am Anfang. Doch immerhin, ein Anfang ist gemacht. Immer mehr Mediziner verbinden die klassischen Heilmethoden mit den komplementären (ergänzenden) Heilmethoden. Sie merken bereits am Wort komplementär, das Denken in Gegensätzen weicht langsam auf.

Alternative Medizin suggeriert Gegensätzliches. Alles wird ein großes Ganzes, in dem vielleicht irgendwann einmal Aspirin, Arnika Globuli, Kräuter-/Quarkwickel, Handauflegen, Klopfen, Klangschalen, Lichttherapie und vieles andere mehr gleichberechtigt miteinander zum Heilungserfolg beitragen.

Ich wünsche uns allen mehr Weitblick, mehr Offenheit für Neues, mehr Vertrauen in unsere Kultur und mehr Verständnis der Ganzheitlichkeit.

Auf ein Wort zum Schluss

Danke für Ihr Interesse! Ich hoffe, die Lektüre hat Ihnen Freude bereitet und Ihnen einige Anregungen und Denkanstöße vermitteln können. Die in diesem Buch gesammelten Texte haben Ihnen einen Einblick in meine Gedankenwelt und damit auch ein Stück weit in meine Arbeitsweise gegeben.

Sicher sind Sie – wie ich – der Meinung, dass das Lesen insbesondere von Ratgeberbüchern eine schöne Sache ist. Doch – ganz gemäß meines Mottos: „Nur das Tun zählt!“ – tun Sie sich selbst nur dann wirklich etwas Gutes, wenn Sie über das Lesen hinaus Veränderung gestalten und dann auch leben.

Wenn Sie sich und ihr Leben und/oder Strukturen und Prozesse in Ihrem Unternehmen verändern möchten, bin ich Ihnen gerne behilflich – als **Coach und Beraterin, Seminarleiterin** und **Verhaltenstrainerin**. Respekt, Achtung und Wertschätzung sind meine wichtigsten Grundlagen für den Umgang und die Arbeit mit Menschen. Zu meinen Eigenschaften und Stärken zähle ich Integrität, Authentizität, Ehrlichkeit, Direktheit, Kreativität und das Vermögen, Impulse zu setzen.

Als **Coach und Beraterin** biete ich Ihnen meine Begleitung für Ihren individuellen Veränderungsprozess an – ganz gleich, welches Thema gerade für Sie „dran“ ist. Im Laufe der gemeinsamen Arbeit erstellen wir gemeinsam einen für Sie stimmigen Handlungsplan. Auf dem Einzelcoaching für Fach- und Führungskräfte baut häufig die Beratung für Prozessveränderungen im Unternehmen auf.

Als **Verhaltenstrainerin** arbeitete ich mit Adipositaspatienten im Rahmen des optifast®-52-Diätprogramms. Meine Aufgabe besteht darin, den Teilnehmern über ein ganzes Jahr hinweg Aufmerksamkeit für sich selbst zu vermitteln und sie dabei zu unterstützen, ihr Essverhalten langfristig zu verändern.

Meine **Seminare** sind maßgeschneidert für Sie und Ihr Unternehmen. Sie bestimmen die Inhalte, denn Sie wissen, wie Ihr Unternehmen wirken und funktionieren soll, welche Unterstützung Sie und Ihre Mitarbeiter brauchen. Zum Portfolio gehören u.a. Kommunikationstraining für neue Mitarbeiter mit Kundenkontakt oder „Empowering Women“ – Sicherheitstraining für Frauen z.B. in der Kommunikation mit männlichen Kollegen und „Dass einer des anderen Sprache verstehe“ – Gender Communication.

Willkommen im neuen Leben!

Noch ein Hinweis auf meine Tätigkeit als Referentin.

Ich referiere zu meinem Motto **„Nur das Tun zählt"**. Dazu gehören viele Themen, z.B. Loslassen, Abschied, Träume, Lebensstilanalyse, Coaching, Frauen, Fallstricke der Liebe, Paarberatung, Selbstdarsteller im Beruf und vieles andere mehr.

Sie sind neugierig geworden? Dann heiße ich Sie herzlich willkommen auf meinen Webseiten:

Portal	www.christa-nehls.de
Meine Methode	www.lisa-methode.de
Der Verlag	www.mcnschin.com
Mein Unternehmen	www.cn-counseling.de
XING	www.xing.de
LinkedIn	www.linkedin.com
Facebook	www.facebook.com/Christa.Nehls
Twitter	www.twitter.com/Christa.Nehls

Kontakt:

Christa Nehls

Coach & Trainerin
für Fach- und Führungskräfte
Autorin & Referentin

Krappmühlstraße 17
68165 Mannheim

Fon: 0621 44069100
Mobil: 0170 3023302
menschin@menschin.com